**Inhaltsverzeichnis**

## Einleitung

Herzlich willkommen zu deinem Einstieg in das Thema Survival, einem Buch, das dir nicht nur die notwendigen Fähigkeiten vermittelt, um in der Wildnis zu überleben, sondern dich auch mental auf jede erdenkliche Extremsituation vorbereitet. Dieses Buch ist für alle geschrieben – vom Outdoor-Enthusiasten bis hin zum Abenteurer, vom Wanderer, der sich in abgelegenen Regionen aufhält, bis hin zu jedem, der sich auf Notfälle vorbereiten möchte. Doch es ist auch mehr als nur ein Handbuch für physisches Überleben. Es ist eine Anleitung, wie du in Krisen Ruhe bewahrst, die richtigen Entscheidungen triffst und lernst, dich auf deine innere Stärke zu verlassen.

Die Idee zu diesem Buch entstand aus meiner tiefen Überzeugung, dass wir alle – unabhängig von unserem Wissen, unserer Ausbildung oder unseren bisherigen Erfahrungen – fähig sind, schwierige Situationen zu meistern. Viele von uns leben heute in einer Welt, in der es an nichts zu mangeln scheint. Unsere Umgebung ist sicher, unsere Technologie fortschrittlich, und unsere tägliche Routine bereitet uns selten auf Situationen vor, in denen wir uns ganz auf uns selbst verlassen müssen. Doch was, wenn plötzlich alles anders ist? Was, wenn du in eine Situation gerätst, in der die Zivilisation nicht mehr greifbar ist und du dich nur auf deinen Instinkt und dein Wissen verlassen kannst?

Diese Fragen führten mich dazu, dieses Buch zu schreiben. Es geht nicht nur darum, dir beizubringen, wie du ein Feuer machst oder Nahrung in der Wildnis findest. Es geht auch darum, dir zu zeigen, wie du deinen Geist in schwierigen Momenten stärkst und wie du lernst, Herausforderungen mit Zuversicht zu begegnen. In der Wildnis zu überleben erfordert weit mehr als nur körperliche Stärke – es erfordert mentale Klarheit, Durchhaltevermögen und den Willen, niemals aufzugeben. Überleben beginnt im Kopf, und genau das möchte ich dir in diesem Buch vermitteln.

## Kapitel 1: Die Grundlagen des Überlebens

In jeder Überlebenssituation sind bestimmte Grundprinzipien entscheidend, die dir helfen, die Situation zu meistern. Der erste Schritt ist, ruhig zu bleiben und einen klaren Kopf zu bewahren. Panik ist dein größter Feind, und oft hilft es, einen Moment innezuhalten, tief durchzuatmen und deine Lage zu überdenken. Sobald du dies getan hast, kannst du beginnen, die wichtigsten Prioritäten zu setzen: Wasser, Nahrung und Schutz. Diese drei Elemente sind deine Schlüssel zum Überleben, und jede Überlebensstrategie sollte darauf basieren, sie sicherzustellen.

### Einführung: Warum Survival-Fähigkeiten wichtig sind

Survival-Fähigkeiten sind nicht nur in extremen Notsituationen wichtig. Sie lehren dich, mit der Natur zu interagieren und Ressourcen auf eine Weise zu nutzen, die in unserer modernen Gesellschaft oft vergessen wird. In einer Welt, in der Technik und Bequemlichkeit allgegenwärtig sind, kann das Wissen um einfache Überlebenstechniken dir nicht nur helfen, in der Wildnis zu überleben, sondern auch in Alltagssituationen widerstandsfähiger und unabhängiger zu werden.

Survival-Fähigkeiten vermitteln dir Selbstvertrauen. Du lernst, wie du mit minimalen Mitteln maximale Ergebnisse erzielen kannst. Stell dir vor, du bist auf einer Wanderung und verlierst den Weg. Das Wissen, wie du dich orientierst, einen Unterschlupf baust und Nahrung findest, kann nicht nur dein Überleben sichern, sondern dir auch das Gefühl geben, dass du die Kontrolle behältst, egal wie schwierig die Umstände sind. Es gibt dir die Macht zurück – die Macht, unabhängig und selbstbestimmt zu sein.

**Das Überlebensdreieck: Wasser, Nahrung, Schutz**

Das Überlebensdreieck ist ein einfacher, aber effektiver Weg, um deine Prioritäten in einer Survival-Situation zu ordnen. Wenn du dich plötzlich in der Wildnis wiederfindest, ist die Verlockung groß, in Panik zu geraten oder in alle Richtungen gleichzeitig zu handeln. Doch das wird dir nicht helfen. Stattdessen solltest du einen Schritt zurücktreten und überlegen, welche drei Dinge du brauchst, um am Leben zu bleiben: Wasser, Nahrung und einen Unterschlupf.

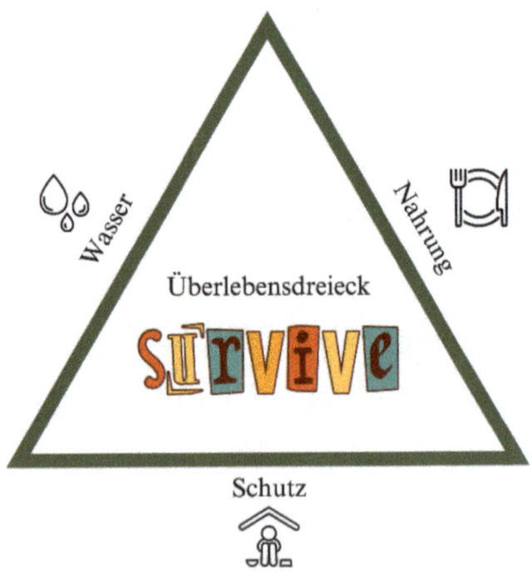


**Wasser:** Dein Körper besteht zu einem Großteil aus Wasser, und ohne es kannst du nur wenige Tage überleben. Dehydrierung schwächt dich schnell, führt zu Kopfschmerzen, Schwindel und in extremen Fällen zu Bewusstlosigkeit oder Tod. In kalten Umgebungen mag die Gefahr der Dehydrierung weniger offensichtlich erscheinen, aber sie ist dennoch präsent – besonders, weil dein Körper durch Zittern und Atmung mehr Flüssigkeit verliert, als du vielleicht bemerkst.

**Nahrung:** Obwohl du mehrere Wochen ohne Nahrung überleben könntest, wird dir das Fehlen von Kalorien schnell zusetzen. Nahrung ist nicht nur Energiequelle, sondern auch eine mentale Unterstützung. Der Hunger kann deine Konzentration und dein Urteilsvermögen beeinträchtigen. Aber mehr noch, es ist ein psychologisches Hilfsmittel – das Sammeln von Nahrung gibt dir eine Aufgabe, einen Zweck, und hilft dir, in schwierigen Zeiten fokussiert zu bleiben.

**Schutz/Unterschlupf** Der Unterschlupf ist oft der entscheidende Faktor für dein unmittelbares Überleben. Er schützt dich vor extremen Wetterbedingungen wie Regen, Kälte, Wind oder Hitze. Ohne Schutz vor den Elementen riskierst du Hypothermie oder Hitzschlag – beide können innerhalb weniger Stunden lebensbedrohlich sein. Ein guter Unterschlupf hält dich warm, trocken und gibt dir das Gefühl von Sicherheit, was deine Moral erheblich verbessern kann.

**Die 3er Survival Regel:**

3 Minuten ohne Luft

3 Stunden ohne Schutz

3 Tage ohne Wasser

3 Wochen ohne Nahrung

**Die 5 W's des Überlebens**

Die „5 W's" helfen dir, in einer Überlebenssituation organisiert zu bleiben. Sie sind nicht nur eine Denkstütze, sondern auch ein wertvolles Werkzeug, um deine Situation realistisch zu bewerten und daraus die richtigen Entscheidungen zu treffen.

- **Wer:** Wen musst du schützen und versorgen? Wenn du in einer Gruppe bist, sollte die erste Frage immer lauten: Wer benötigt welche Unterstützung? Ist jemand verletzt oder geschwächt? Gibt es Kinder oder ältere Menschen in der Gruppe? In einer Gruppe ist es wichtig, dass Aufgaben und Verantwortlichkeiten klar verteilt sind. Du kannst nicht alles alleine machen, und Zusammenarbeit erhöht die Überlebenschancen erheblich.
- **Was:** Was hast du bei dir? Welche Ressourcen und Ausrüstungsgegenstände hast du? Ein Inventar deiner Gegenstände – von Lebensmitteln über Werkzeuge bis hin zu Kleidung – gibt dir einen Überblick darüber, was du zur Verfügung hast und wie lange du damit auskommen wirst. Wenn du nichts dabei hast, musst du anfangen zu improvisieren. Was kann die Natur dir bieten? Kannst du einen Speer aus einem Ast

schnitzen? Oder einen Wasserbehälter aus Rinde basteln? Deine Fähigkeit, improvisieren zu können, ist oft entscheidend.

•**Wo:** Wo bist du? Dies ist eine der wichtigsten Fragen. Die Umgebung, in der du dich befindest, bestimmt, wie du vorgehst. Befindest du dich in einem dichten Wald, einer Wüste, einem Gebirge oder einer Küstenregion? Jede dieser Landschaften bietet unterschiedliche Ressourcen und Herausforderungen. Wälder bieten oft reichlich Nahrung und Baumaterialien für einen Unterschlupf, aber auch Raubtiere und giftige Pflanzen. In der Wüste wirst du möglicherweise nur sehr wenig Wasser finden, musst aber einen Weg finden, es zu konservieren.

•**Wann:** Wann ist Hilfe zu erwarten? Wie lange kannst du ohne Unterstützung überleben? Wenn du weißt, dass Hilfe auf dem Weg ist, kannst du deine Ressourcen besser einteilen. Wenn keine Hilfe zu erwarten ist, musst du dich auf einen längeren Aufenthalt einstellen und strategisch vorgehen. Die Tageszeit spielt auch eine Rolle: Hast du genug Licht, um zu bauen oder zu jagen, oder solltest du dich für die Nacht vorbereiten?

•**Warum:** Warum befindest du dich in dieser Situation, und wie kannst du am besten herauskommen? Diese Frage hilft dir, den Fokus zu behalten. Überlege dir, ob es besser ist, in deiner aktuellen Position zu bleiben und auf Rettung zu warten, oder ob es sinnvoller ist, dich fortzubewegen, um eine bessere Überlebenschance zu haben. Oft ist es sicherer, an einem Ort zu bleiben, insbesondere wenn du dich in einer unbekannten Umgebung befindest.

**Kapitel 2: Psychologie des Überlebens**

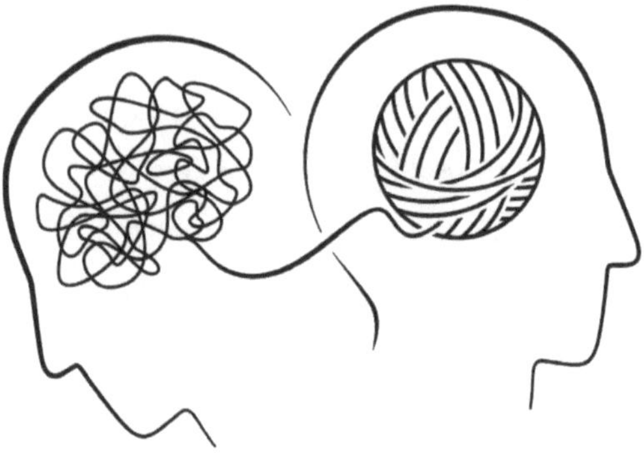

Wenn man über das Überleben in der Wildnis nachdenkt, sind es oft die praktischen Fähigkeiten, die einem zuerst in den Sinn kommen: Feuer machen, Nahrung finden, Wasser aufbereiten. Doch eine der mächtigsten Überlebenswerkzeuge ist der eigene Geist. In extremen Situationen wird die Fähigkeit, ruhig und rational zu bleiben, zu einer der wertvollsten Ressourcen. Tatsächlich zeigt die Forschung, dass diejenigen, die in lebensbedrohlichen Situationen überleben, häufig nicht die stärksten oder körperlich fittesten sind – sondern diejenigen, die mental vorbereitet sind und eine starke innere Einstellung haben.

In diesem Kapitel gehen wir tief in die psychologische Seite des Überlebens ein und erkunden, wie du mentale Stärke entwickeln, Panik vermeiden und das richtige Überlebensmindset aufbauen kannst. Du wirst lernen, wie du mit Rückschlägen und Unsicherheit umgehst und wie du deine emotionale und psychische Belastbarkeit stärken kannst, um jede noch so schwierige Situation zu meistern.

## 2.1 Mentale Stärke entwickeln

Die Entwicklung mentaler Stärke ist der Schlüssel zum Überleben. Sie wird oft unterschätzt, da viele Menschen annehmen, dass physische Fähigkeiten ausreichen, um in der Wildnis zu bestehen. Doch mentale Stärke ist das Rückgrat aller Überlebensstrategien, denn dein Geist kontrolliert deine Reaktionen auf alles, was du erlebst – von körperlichen Herausforderungen bis hin zu emotionalem Stress.

### Die Bedeutung von Resilienz im Überleben

Resilienz beschreibt die Fähigkeit, nach einem Rückschlag oder einer Krise wieder aufzustehen und weiterzumachen. Sie ist eine der grundlegendsten Eigenschaften eines Überlebenden. In der Wildnis wirst du mit Rückschlägen konfrontiert: Du verlierst vielleicht deine Ausrüstung, findest keinen Unterschlupf oder kämpfst mit Hunger und Kälte. Die Fähigkeit, dich nicht von diesen Rückschlägen überwältigen zu lassen, sondern nach vorne zu schauen und nach Lösungen zu suchen, ist entscheidend.

Um Resilienz zu entwickeln, kannst du im Alltag kleine Stressfaktoren bewusst angehen, um deine Reaktionen darauf zu trainieren. Zum Beispiel könntest du in unangenehmen Situationen bewusst ausharren, wie kaltes Wetter oder körperliche Erschöpfung, anstatt nachzugeben. Es geht darum, dich daran zu gewöhnen, unangenehme Erfahrungen zu ertragen, und daran zu glauben, dass du sie überwinden kannst.

## Mentale Anpassungsfähigkeit und Kreativität

Ein weiteres wichtiges Element der mentalen Stärke ist die Fähigkeit, kreativ zu denken und flexibel zu bleiben. Überleben bedeutet oft, dass du unerwartete Herausforderungen bewältigen musst. Die besten Überlebenden sind nicht diejenigen, die starr an einem Plan festhalten, sondern diejenigen, die sich schnell an neue Umstände anpassen können. Flexibilität ist der Schlüssel – die Fähigkeit, einen Plan zu ändern, wenn er nicht funktioniert, und neue Lösungen zu finden, wenn unerwartete Hindernisse auftreten.

Ein gutes Beispiel für kreative Anpassung stammt von den Überlebenden eines Flugzeugabsturzes in den Anden im Jahr 1972. Die Passagiere hatten keine Vorräte und mussten in eisigen Höhen ohne Hoffnung auf schnelle Rettung überleben. Letztendlich schafften sie es, sich durch die Widrigkeiten zu schlagen, indem sie kreative und unorthodoxe Überlebensstrategien entwickelten, die sie ursprünglich nicht geplant hatten. Diese mentale Flexibilität rettete vielen von ihnen das Leben.

## Selbstbewusstsein und die Macht der Gedanken

Überleben beginnt im Kopf. Dein Glaube an deine Fähigkeiten und dein Vertrauen in deine Entscheidungen sind ausschlaggebend. Wenn du an dir zweifelst, beeinträchtigt das nicht nur deine Fähigkeit, rational zu handeln, sondern führt oft zu unklugen Entscheidungen. Viele Menschen, die in extremen Situationen überlebt haben, berichten von der zentralen Rolle ihres positiven Selbstbildes. Sie sahen sich nicht als Opfer der Umstände, sondern als Akteure, die die Kontrolle über ihre eigene Rettung hatten.

Um dieses Selbstbewusstsein zu entwickeln, ist es wichtig, sich auf deine Stärken zu konzentrieren. Führe dir in schwierigen Momenten vor Augen, welche Fähigkeiten du bereits besitzt, was du schon erreicht hast und warum du in der Lage bist, diese Situation zu meistern. Es kann auch hilfreich sein, dir kleine, erreichbare Ziele zu setzen, um deinen Erfolg nach und nach aufzubauen. Jeder Erfolg, auch wenn er noch so klein ist, stärkt dein Selbstvertrauen.

### 2.2 Panik vermeiden

Panik ist einer der größten Feinde in jeder Überlebenssituation. Wenn Menschen panisch werden, hören sie auf, logisch zu denken. Ihr Urteilsvermögen ist getrübt, und sie neigen dazu, impulsiv oder irrational zu handeln – was oft zu fatalen Fehlern führt. Doch Panik ist eine natürliche Reaktion auf extreme Bedrohungen. Sie entsteht aus der uralten

„Kampf-oder-Flucht"-Reaktion des Gehirns, die aktiviert wird, wenn wir uns in einer lebensbedrohlichen Lage befinden.

### Die Auswirkungen von Panik auf den Körper und Geist

Wenn du panisch wirst, schüttet dein Körper große Mengen an Adrenalin aus. Dein Herz schlägt schneller, dein Atem beschleunigt sich, und du fühlst dich möglicherweise überwältigt von einem Gefühl der Dringlichkeit. Diese physiologischen Reaktionen sind dazu gedacht, dich auf eine akute Gefahr vorzubereiten – aber in einer Überlebenssituation können sie kontraproduktiv sein. Anstatt dir zu helfen, klar zu denken und systematisch zu handeln, kann Panik dazu führen, dass du falsche Entscheidungen triffst oder sogar körperlich erschöpft wirst, indem du Energie verschwendest, die du dringend brauchst.

### Techniken zur Vermeidung von Panik

Die Fähigkeit, Panik zu vermeiden, beginnt mit dem Erkennen der Anzeichen. Du musst lernen, die ersten Symptome von Panik zu erkennen – den beschleunigten Herzschlag, das Gefühl von Atemnot oder das unkontrollierbare Bedürfnis, sofort etwas zu tun. In diesem Moment solltest du dir bewusst machen, dass Panik kontraproduktiv ist. Statt impulsiv zu handeln, gibt es einige Techniken, die dir helfen können, deine Nerven zu beruhigen und wieder die Kontrolle zu erlangen.

**Tiefes Atmen** ist eine der einfachsten und effektivsten Techniken. Wenn du bemerkst, dass du in Panik gerätst, halte inne und atme langsam und tief durch. Zähle beim Einatmen bis vier, halte den Atem für vier Sekunden an und atme dann für vier Sekunden aus. Dieser Atemrhythmus beruhigt dein Nervensystem und hilft dir, aus dem „Kampf-oder-Flucht"-Modus herauszukommen. Durch die Konzentration auf das Atmen lenkst du deine Gedanken von der Panik ab und kannst dich wieder auf die Situation konzentrieren.

**Schritt-für-Schritt-Denken** ist eine weitere Technik, die hilft, Panik zu vermeiden. Wenn du das Gefühl hast, dass dir alles über den Kopf wächst, konzentriere dich auf eine kleine, machbare Aufgabe. Frage dich: „Was ist das nächste kleine, greifbare Ziel, das ich erreichen kann?" Wenn du dich auf kleine Schritte konzentrierst, anstatt die Gesamtheit der Herausforderung zu betrachten, wird die Situation überschaubarer und weniger überwältigend. Dies gibt dir ein Gefühl der Kontrolle zurück.

## Übung und mentale Vorbereitung

Eine der besten Möglichkeiten, Panik zu vermeiden, ist die Vorbereitung. Wenn du bereits in deinem Kopf durchspielst, was in einer Überlebenssituation passieren könnte und wie du reagieren wirst, wird dich die Realität weniger überraschen. Stell dir vor, du befindest dich in einer Notlage: Du bist allein in der Wildnis, du hast dich verirrt, du hast deine Vorräte verloren. Was tust du als Erstes? Indem du solche Szenarien visualisierst, bereitest du dich mental auf echte Situationen vor.

Ein Beispiel dafür ist das sogenannte **mentale Rollenspiel**, das von vielen Extremsportlern und Rettungskräften genutzt wird. Indem sie sich im Vorfeld mit potenziellen Gefahrenszenarien auseinandersetzen und gedanklich durchspielen, wie sie reagieren werden, sind sie in der Lage, in der realen Situation ruhig zu bleiben. Das Gehirn erinnert sich an das „Drehbuch", das im Vorfeld erstellt wurde, und handelt danach, anstatt panisch zu werden.

## 2.3 Das Mindset eines Überlebenden

Überleben ist oft mehr eine Frage der inneren Einstellung als der physischen Fähigkeiten. Ein Überlebender ist jemand, der bereit ist, das Unmögliche zu tun, um am Leben zu bleiben. Dieses Mindset ist geprägt von drei Hauptfaktoren: Anpassungsfähigkeit, Positivität und Durchhaltevermögen.

### Anpassungsfähigkeit

Die Fähigkeit, sich an ständig wechselnde Umstände anzupassen, ist eine der wichtigsten Eigenschaften eines Überlebenden. In einer Überlebenssituation läuft selten alles nach Plan. Vielleicht hast du dir einen Unterschlupf gebaut, aber ein Sturm zerstört ihn. Vielleicht hast du Wasser gefunden, aber es ist kontaminiert. In solchen Momenten kommt es darauf an, nicht an einem bestimmten Plan festzuhalten, sondern flexibel zu bleiben und neue Wege zu finden.

Ein gutes Beispiel für Anpassungsfähigkeit ist die Geschichte des britischen Bergsteigers Joe Simpson, der bei einem Absturz in den

Anden schwer verletzt wurde. Anstatt aufzugeben, passte er seine Überlebensstrategie immer wieder an die veränderten Umstände an, obwohl er unter extremen Schmerzen litt. Diese Fähigkeit, ständig Lösungen für neue Probleme zu finden, rettete ihm schließlich das Leben.

**Positivität und der Glaube an Rettung**

Eine positive Grundhaltung kann den Unterschied zwischen Leben und Tod bedeuten. Das mag paradox klingen, denn in extremen Situationen gibt es oft wenig Grund zur Hoffnung. Doch viele Überlebende berichten, dass der Glaube an Rettung oder an einen Ausweg ihnen die Kraft gegeben hat, weiterzumachen. Positivität ist kein blinder Optimismus, sondern ein aktiver, innerer Entschluss, sich nicht von negativen Gedanken überwältigen zu lassen.

Wenn du dich in einer ausweglosen Situation befindest, kannst du dir selbst Fragen stellen, die dir helfen, einen positiven Fokus zu finden: „Was kann ich tun, um meine Chancen zu verbessern?" „Was habe ich heute erreicht, das mir Hoffnung gibt?" Indem du dich auf das konzentrierst, was du beeinflussen kannst, anstatt auf das, was du nicht kontrollieren kannst, stärkst du deine mentale Widerstandskraft.

**Durchhaltevermögen und die Kunst des Ausharrens**

Überleben ist oft ein Kampf gegen die Zeit und gegen den eigenen Körper. Durchhaltevermögen – die Fähigkeit, nicht aufzugeben, selbst wenn der Körper am Ende ist – ist die Essenz des Überlebens.

Viele Situationen erfordern nicht so sehr körperliche Stärke, sondern die mentale Fähigkeit, weiterzumachen, auch wenn der Schmerz und die Erschöpfung übermächtig erscheinen.
Durchhaltevermögen bedeutet, dass du in den schwierigsten Momenten einen Grund findest, um nicht aufzugeben. Dies kann etwas Einfaches sein, wie das Ziel, den nächsten Tag zu erleben oder die Hoffnung, wieder mit geliebten Menschen zusammen zu sein. Es geht darum, dein Handeln nicht von deinen aktuellen Gefühlen bestimmen zu lassen, sondern von deinem Entschluss, zu überleben. Die mentale Fähigkeit, einen Fuß vor den anderen zu setzen, auch wenn alles in dir aufgeben will, ist oft das, was dich über die Ziellinie bringt.

## Kapitel 3: Der Umgang mit Wasser

Wasser ist der wichtigste Faktor für das Überleben. Der menschliche Körper kann nur wenige Tage ohne Wasser auskommen, bevor er lebensbedrohliche Symptome wie Dehydrierung, Nierenversagen und schließlich den Tod erleidet. In der Wildnis hat Wasser daher oberste Priorität. Die Kunst besteht nicht nur darin,

Wasser zu finden, sondern es auch aufzubereiten und rationiert zu verwenden, um so lange wie möglich zu überleben. In diesem Kapitel werden wir detailliert darauf eingehen, wie du in verschiedenen Umgebungen Wasser finden, aufbereiten und deine Wasservorräte optimal verwalten kannst.

## 3.1 Wasser finden

Das Auffinden von Wasser ist die erste und oft größte Herausforderung, wenn du dich in der Wildnis befindest. Je nach Region und Klima gibt es unterschiedliche Methoden und Strategien, um Wasserquellen zu lokalisieren. Dieses Wissen ist entscheidend, da die Art der Umgebung – ob Wüste, Wald, Gebirge oder Küste – bestimmt, welche Methode die beste ist.

### Natürliche Wasserquellen erkennen

In gemäßigten Klimazonen mit ausreichendem Niederschlag ist Wasser oft in Form von Bächen, Flüssen oder Seen verfügbar. Die Fähigkeit, Wasser in solchen Landschaften zu finden, erfordert vor allem das Wissen, wo sich Wasser ansammelt. In hügeligem Gelände fließt Wasser in der Regel von den Bergen in die Täler hinab, daher solltest du immer dem Hang in Richtung eines Tals folgen. Natürliche Senken oder tiefere Gebiete sammeln oft Wasser, besonders nach Regenfällen.

Auch Pflanzen können dir Hinweise auf Wasser geben. Üppiges und grünes Pflanzenwachstum, besonders in trockeneren Regionen, deutet oft auf Wasserquellen in der Nähe hin. Pflanzen wie **Weiden**, **Schilf** oder **Bambus** wachsen meist in der Nähe von Wasser. Auch Tiere, insbesondere Vögel und Insekten, zeigen oft Wasserquellen an. Vögel wie Tauben und Möwen fliegen häufig morgens und abends in Richtung Wasserstellen, und Ameisen bauen ihre Nester in der Nähe von feuchten Stellen oder Wurzeln mit hoher Wasserspeicherung.

### Wasser in trockenen Regionen finden

In Wüsten oder sehr trockenen Regionen gestaltet sich die Suche nach Wasser weitaus schwieriger. Hier kannst du jedoch auf einige bewährte Techniken zurückgreifen. Eine Methode ist das **Sammeln von Morgentau**, der sich über Nacht auf Pflanzen, Felsen und Oberflächen absetzt. Du kannst ein Stück Stoff über Büsche oder Gras legen und so den Tau aufsammeln, um ihn auszuwringen und als Trinkwasser zu verwenden. Dies ist zwar keine große Wassermenge, aber jeder Tropfen zählt.

In trockenen Flussbetten oder ausgetrockneten Seen kannst du unter Umständen durch Graben nach Wasser suchen. Flussbetten können noch Feuchtigkeit unter der Oberfläche speichern. Durch das Graben in diesen Bereichen kannst du das gesammelte Wasser freilegen. Achte dabei auf Anzeichen wie feuchten Sand oder lehmige Stellen, die auf das Vorhandensein von Grundwasser hinweisen.

**Verdunstungsgruben** sind eine weitere Methode, um in trockenen Gebieten Wasser zu gewinnen. Hierbei gräbst du ein Loch in den Boden und legst es mit einer Plane oder Plastikfolie aus. Die Folie fängt die Verdunstung auf und kondensiertes Wasser sammelt sich an, das du trinken kannst. Diese Technik funktioniert am besten in Gebieten, die tagsüber heiß sind, und bietet dir eine Möglichkeit, auch ohne direkten Zugang zu einer Quelle an Wasser zu gelangen.

**Tier- und Pflanzenbeobachtung**

Tiere können dir oft den Weg zu Wasserquellen weisen. Wenn du beispielsweise Spuren von Tieren wie Wild oder Huftieren siehst, kannst du ihnen oft folgen, da sie regelmäßig Wasserstellen aufsuchen. Besonders am frühen Morgen oder späten Abend sind Tiere in Bewegung, um Wasser zu suchen, und du kannst von ihrem Verhalten profitieren. Auch Insekten, besonders Fliegen und

Ameisen, neigen dazu, in der Nähe von Wasser zu nisten, da sie für ihre Brutfeuchtigkeit benötigen.

Ein weiterer nützlicher Trick ist es, Pflanzen wie **Kakteen** oder bestimmte **Wüstenpflanzen** zu nutzen, die Wasser speichern. Das Innere vieler Kakteen enthält trinkbares Wasser oder zumindest saftige Substanzen, die den Körper mit Flüssigkeit versorgen können. Du musst jedoch sicherstellen, dass die Pflanze essbar ist, da einige Kakteenarten giftig sind oder reizende Substanzen enthalten.

### 3.2 Wasser aufbereiten

Selbst wenn du Wasser gefunden hast, bedeutet das nicht, dass es sofort sicher zu trinken ist. Viele Wasserquellen, besonders stehendes oder langsam fließendes Wasser, können Bakterien, Parasiten oder Chemikalien enthalten, die gefährlich für deine Gesundheit sind. Deshalb ist es unerlässlich, Wasser auf eine Weise aufzubereiten, die es trinkbar macht. Es gibt verschiedene Methoden der Wasseraufbereitung, von traditionellen Techniken wie dem Abkochen bis hin zu modernen Hilfsmitteln wie Wasserfiltern.

#### Wasser abkochen

Die älteste und immer noch effektivste Methode, um Wasser sicher trinkbar zu machen, ist das **Abkochen**. Das Abkochen tötet die meisten schädlichen Mikroorganismen ab, darunter Bakterien und Parasiten. Es ist wichtig, das Wasser für mindestens fünf Minuten kochen zu lassen, um sicherzustellen, dass alle schädlichen Keime abgetötet werden. Wenn du keine Töpfe oder Metallbehälter hast, kannst du improvisieren, indem du Wasser in einem hitzebeständigen Behälter aus Stein oder sogar Tierhaut erhitzt, indem du heiße Steine hineinlegst.

Es gibt jedoch einige wichtige Punkte zu beachten. Abkochen tötet keine chemischen Verunreinigungen oder Schwermetalle ab, die sich

möglicherweise im Wasser befinden. Wenn du den Verdacht hast, dass das Wasser chemisch belastet ist (zum Beispiel durch Industrieabfälle oder Pestizide), solltest du zusätzliche Methoden anwenden, um diese Verunreinigungen zu entfernen.

**Filtration**

Eine weitere Methode zur Wasseraufbereitung ist die **Filtration**, bei der feste Partikel und einige schädliche Organismen aus dem Wasser entfernt werden. Moderne Wasserfilter sind klein und leicht zu transportieren, was sie zu einem idealen Bestandteil deines Survival-Kits macht. Diese Filter bestehen oft aus Mikrofasern oder

Aktivkohle, die Bakterien und Verunreinigungen herausfiltern können. Es gibt sowohl tragbare Handfilter als auch Schwerkraftfilter, die größere Mengen Wasser reinigen können.

Falls du keinen modernen Wasserfilter zur Hand hast, kannst du einen **improvisierten Wasserfilter** bauen. Dazu benötigst du nur einige Materialien wie Sand, kleine Kieselsteine, Holzkohle und Stoff. Der Stoff dient als erste Schicht, um größere Partikel zurückzuhalten, der Sand und die Kieselsteine filtern kleinere Verunreinigungen, und die Holzkohle entfernt viele organische Schadstoffe. Auch wenn dieser Filter nicht alle Bakterien entfernt, kann er das Wasser deutlich klarer und sicherer machen.

**Chemische Wasseraufbereitung**

Eine einfache und tragbare Methode zur Wasseraufbereitung ist der Einsatz von **chemischen Mitteln**, wie zum Beispiel **Chlor- oder Jodtabletten**. Diese kleinen Tabletten sind in vielen Outdoor-Geschäften erhältlich und leicht in deinem Survival-Kit unterzubringen. Sie töten Bakterien, Viren und Parasiten ab, indem sie das Wasser desinfizieren. Allerdings kann der Geschmack des Wassers dadurch beeinträchtigt werden, und es dauert meist etwa 30 Minuten bis eine Stunde, bis die chemische Reaktion vollständig abgeschlossen ist.

Es ist wichtig, die Anweisungen genau zu befolgen, da eine falsche Dosierung das Wasser entweder nicht vollständig desinfiziert oder es ungenießbar macht. Auch chemische Aufbereitungsmethoden entfernen keine chemischen Schadstoffe aus dem Wasser, daher sollte diese Methode nur verwendet werden, wenn du weißt, dass das Wasser nicht durch Chemikalien belastet ist.

### Solare Wasserdesinfektion (SODIS)

In Regionen mit intensiver Sonneneinstrahlung kannst du das Prinzip der **solaren Wasserdesinfektion** (SODIS) nutzen. Diese Methode basiert darauf, dass du klares Wasser in durchsichtigen Plastikflaschen in die Sonne legst. Durch die UV-Strahlung der Sonne werden viele Krankheitserreger in etwa sechs Stunden abgetötet. Diese Methode ist einfach und erfordert nur Sonne und saubere Plastikflaschen, aber sie funktioniert nur bei starkem Sonnenlicht und es kann einige Stunden dauern, bis das Wasser sicher ist.

### Destillation

Wenn du Zugang zu salzigem oder chemisch belastetem Wasser hast, kann **Destillation** die beste Methode sein, um sauberes Trinkwasser zu gewinnen. Durch das Verdampfen des Wassers und anschließendes Kondensieren wird das reine Wasser von den Verunreinigungen getrennt. Um dies zu tun, kannst du eine einfache Destillationsanlage bauen, indem du einen Behälter mit dem verunreinigten Wasser erhitzt und den Dampf in einen separaten Behälter leitest, in dem er kondensiert. Diese Methode ist sehr effektiv, erfordert jedoch etwas Zeit und die richtige Ausrüstung.

## 3.3 Wasser sparen

Das Sparen von Wasser ist besonders in heißen und trockenen Umgebungen oder in Zeiten, in denen Wasserquellen schwer zugänglich sind, überlebenswichtig. Selbst wenn du Wasser gefunden und aufbereitet hast, musst du lernen, wie du deinen Wasservorrat so effizient wie möglich nutzt, um eine langfristige Versorgung sicherzustellen.

### Den Wasserverbrauch reduzieren

In Überlebenssituationen musst du deinen Wasserverbrauch drastisch reduzieren, um sicherzustellen, dass deine Vorräte so lange wie möglich halten. In heißen Klimazonen besteht die Gefahr, dass du durch Schwitzen viel Wasser verlierst. Daher solltest du deine körperliche Aktivität möglichst in die kühleren Stunden des Tages verlagern, also frühmorgens oder abends. Tagsüber solltest du dich im Schatten aufhalten und dich nicht unnötig bewegen, um deinen Wasserverlust zu minimieren.

Ein weiterer wichtiger Aspekt ist das Tragen von leichter, lockerer Kleidung, die deinen Körper vor der Sonne schützt und die Verdunstung von Schweiß reduziert. Viele Survival-Experten raten dazu, so viel Haut wie möglich bedeckt zu halten, um den Wasserverlust durch die Haut zu reduzieren. Auch der Verzicht auf den übermäßigen Verzehr von salzhaltiger Nahrung hilft, den Wasserverlust im Körper zu minimieren.

## Kleine Schlucke statt großer Mengen

Wenn du Wasser trinkst, ist es wichtig, deinen Körper kontinuierlich mit kleinen Mengen Wasser zu versorgen, anstatt große Mengen auf einmal zu trinken. Große Mengen Wasser auf einmal zu trinken, kann den Körper dazu bringen, das Wasser schneller auszuscheiden, wodurch du mehr verlierst. Stattdessen solltest du kleine Schlucke trinken, um den Flüssigkeitshaushalt konstant zu halten.

## Recycling von Wasser

In extremen Situationen kannst du lernen, Wasser zu „recyceln". Eine Methode ist das Auffangen deines Urins, um ihn durch Destillation oder Filtration zu reinigen. Dies ist jedoch nur eine Notfallmaßnahme und sollte nicht zur Routine werden, da der Urin zunehmend toxisch wird, je mehr er recycelt wird. Einige Wasserfiltersysteme sind jedoch in der Lage, Urin so zu filtern, dass das gewonnene Wasser trinkbar ist.

Eine andere Technik, um Wasser zu sparen, ist das **Sammeln von Kondenswasser**. Wenn du in der Nähe von Pflanzen bist, kannst du Plastikbeutel um blattreiche Äste binden. Durch den natürlichen Transpirationsprozess der Pflanzen wird Wasser in den Beuteln kondensieren und sich sammeln, das du trinken kannst.

### Sammeln von Regenwasser

Regen ist eine der wertvollsten Wasserquellen in der Wildnis. Wenn du in einer Region unterwegs bist, in der regelmäßig Regen fällt, solltest du immer darauf vorbereitet sein, so viel Wasser wie möglich zu sammeln. Du kannst Plastikfolien, Planen oder andere wasserfeste Materialien auslegen, um den Regen aufzufangen und in Behältern zu sammeln. Diese Technik ist besonders effektiv, wenn du für längere Zeit in einer Region bleibst und dich auf natürlichen Regen verlassen kannst.

Das Auffinden, Aufbereiten und Sparen von Wasser ist die grundlegendste Überlebensfähigkeit in der Wildnis. Mit den in diesem Kapitel beschriebenen Techniken kannst du in nahezu jeder

Umgebung Wasserquellen finden, sicherstellen, dass das Wasser trinkbar ist, und deinen Wasservorrat so effektiv wie möglich nutzen. Wasser ist die Grundlage deines Überlebens, und das Wissen darüber, wie du es sicher und effizient verwaltest, erhöht deine Überlebenschancen erheblich.

Obwohl Wasser in der Natur oft schwierig zu finden ist, kannst du mit den richtigen Techniken und Strategien die lebensnotwendige Flüssigkeit selbst in den unwirtlichsten Umgebungen sichern. Achte stets darauf, dass du in Überlebenssituationen deine Wasserressourcen rationierst, das Wasser so sicher wie möglich machst und dich auf die Suche nach neuen Wasserquellen vorbereitest.

## Kapitel 4: Nahrung in der Wildnis

Nahrung ist zwar nicht so dringlich wie Wasser, doch auf lange Sicht unverzichtbar. Während du bis zu drei Wochen ohne Nahrung überleben kannst, wird der Hunger nach wenigen Tagen deine körperliche und geistige Leistungsfähigkeit erheblich beeinträchtigen. Zudem spielt Nahrung auch eine entscheidende Rolle für deine Moral. Die Fähigkeit, Nahrung in der Wildnis zu finden und richtig zu verwerten, ist deshalb essenziell für dein langfristiges Überleben.

In diesem Kapitel werden wir verschiedene Techniken und Methoden untersuchen, um essbare Pflanzen, Tiere und andere Nahrungsquellen in der Wildnis zu finden. Du wirst lernen, wie du sicher essbare Pflanzen erkennst, wie du Fallen stellst, Fische fängst und sogar welche Insekten als Notnahrung in Frage kommen. Dabei werden sowohl grundlegende Überlebensstrategien als auch detaillierte Methoden für die Nahrungsbeschaffung und Zubereitung behandelt.

## 4.1 Essbare Pflanzen erkennen

Eine der zugänglichsten Nahrungsquellen in der Wildnis sind Pflanzen. In den meisten Lebensräumen gibt es eine Vielzahl von essbaren Pflanzen, die Nährstoffe liefern und leicht zu finden sind. Allerdings musst du wissen, welche Pflanzen essbar und welche potenziell giftig sind. Ein falscher Bissen kann fatale Folgen haben.

**Die Bedeutung der Pflanzenkunde**

Das Wissen um essbare Pflanzen ist eine wertvolle Überlebensfähigkeit. Es ermöglicht dir, auch dann Nahrung zu finden, wenn du nicht jagen kannst oder keine Fallen zur Verfügung hast. Pflanzen sind oft einfacher zu sammeln und erfordern weniger Energie als die Jagd auf Tiere. Doch die Natur ist trügerisch: Viele giftige Pflanzen sehen essbaren Pflanzen zum Verwechseln ähnlich, weshalb du dich nie nur auf das Aussehen verlassen solltest.

Ein systematischer Ansatz, um Pflanzen zu bestimmen, ist entscheidend. Dazu kannst du die **Universalitätsregel** verwenden, um Pflanzen auf ihre Essbarkeit zu testen. Diese Regel umfasst mehrere Schritte:

1. **Sehen:** Betrachte die Pflanze genau. Wenn du eine Pflanze nicht eindeutig als essbar identifizieren kannst, gehe zum nächsten Schritt.
2. **Riechen:** Reibe die Pflanze zwischen deinen Fingern und rieche daran. Wenn sie einen unangenehmen oder chemischen Geruch hat, solltest du sie nicht essen.
3. **Hautkontakt:** Lege ein kleines Stück der Pflanze auf deine Haut und warte etwa 15 Minuten. Wenn eine Reizung auftritt, ist die Pflanze wahrscheinlich giftig.
4. **Mundtest:** Wenn keine Reaktion auf die Haut auftritt, nimm ein kleines Stück der Pflanze und lege es auf deine Zunge. Kaue es, aber schlucke nicht. Warte erneut 15 Minuten, um sicherzustellen, dass keine negative Reaktion auftritt.

5.**Schlucktest:** Wenn auch nach dem Mundtest keine Reaktion erfolgt, kannst du einen kleinen Bissen schlucken. Warte einige Stunden ab, bevor du mehr isst, um sicherzugehen, dass keine Übelkeit oder andere Symptome auftreten.

**Dieser Prozess ist langwierig, aber er bietet einen wichtigen Schutz vor möglichen Vergiftungen.**
**Beispiele für essbare Pflanzen**

Einige der häufigsten essbaren Pflanzen, die du in gemäßigten Zonen finden kannst, sind:

•**Löwenzahn (Taraxacum officinale):** Sowohl die Blätter als auch die Wurzeln sind essbar. Löwenzahn enthält viele Vitamine und Mineralstoffe und kann roh oder gekocht gegessen werden.
•**Brennnessel (Urtica dioica):** Brennnesseln sind nach dem Kochen eine hervorragende Quelle für Eiweiß, Eisen und Vitamine. Die Blätter müssen kurz gekocht werden, um die Brennhaare zu neutralisieren. Auch die Samen sind essbar!
•**Klee (Trifolium):** Klee ist leicht zu finden und die Blätter sowie Blüten können roh oder gekocht gegessen werden.
•**Giersch (Aegopodium podagraria):** Eine weit verbreitete, essbare Pflanze mit mildem Geschmack, die oft als „Unkraut" angesehen wird, aber reich an Vitaminen ist.
•**Wilder Spinat (Chenopodium album):** Die Blätter können wie Spinat zubereitet werden und sind nahrhaft.

## Gefährliche Pflanzen und ihre Erkennung

Ein ebenso wichtiger Aspekt ist das Erkennen von **giftigen Pflanzen**. Es gibt viele Pflanzen in der Wildnis, die tödlich oder zumindest sehr schädlich sein können. Beispiele für gefährliche Pflanzen sind:

- **Gefleckter Schierling (Conium maculatum):** Diese Pflanze sieht ähnlich aus wie essbare Doldenblütler, ist aber hochgiftig. Bereits kleine Mengen können tödlich sein.
- **Tollkirsche (Atropa belladonna):** Die schwarzen Beeren der Tollkirsche sehen verlockend aus, sind jedoch extrem giftig und können schnell zu Herzstillstand führen.
- **Fingerhut (Digitalis purpurea):** Diese Pflanze enthält starke Herzgifte und sollte niemals verzehrt werden.

Um eine Vergiftung zu vermeiden, ist es ratsam, beim Sammeln von Pflanzen extrem vorsichtig zu sein und sich gründlich mit der lokalen Pflanzenwelt vertraut zu machen.

## 4.2 Jagen und Fallenstellen

Während Pflanzen eine nahrhafte und leicht zugängliche Nahrungsquelle darstellen, liefern tierische Nahrungsmittel wichtige Proteine und Fette, die du für längerfristiges Überleben benötigst. Das Jagen von Tieren erfordert allerdings mehr Energie und Geduld als das Sammeln von Pflanzen. Die Kunst des Jagens und Fallenstellens ist eine der ältesten Überlebensfähigkeiten der Menschheit.

### Grundlagen des Jagens

Jagen ist körperlich anspruchsvoll und erfordert viel Geduld sowie Geschick. Du musst in der Lage sein, dich leise und unsichtbar in der Natur zu bewegen, ohne die Tiere zu verschrecken. Viele Wildtiere haben einen ausgeprägten Geruchssinn und ein scharfes Gehör. Deshalb ist es wichtig, gegen den Wind zu gehen, um deinen Geruch von den Tieren fernzuhalten, und Geräusche wie das Knacken von Ästen oder das Rascheln von Blättern zu vermeiden.

Für das Jagen kleiner Tiere wie Kaninchen, Eichhörnchen oder Vögel sind einfache **Speere**, **Schlingen** oder **Steinschleudern** geeignete Werkzeuge. Die Herstellung eines primitiven Speers aus einem Ast, der an der Spitze angespitzt wird, ist relativ einfach und kann dir beim Jagen helfen. Du kannst auch lernen, **Wurfspeere** oder improvisierte Bögen herzustellen, um deine Reichweite und Genauigkeit zu verbessern.

**Fallenstellen als energiesparende Methode**

Das **Fallenstellen** ist eine der effektivsten und energiesparendsten Methoden, um in der Wildnis an Nahrung zu gelangen. Fallen funktionieren auch dann, wenn du dich auf andere Aufgaben konzentrieren musst, wie zum Beispiel das Suchen von Wasser oder das Bauen eines Unterschlupfs.

Es gibt viele verschiedene Arten von Fallen, die du in der Wildnis aufstellen kannst. Die einfachste und häufigste Falle ist die **Schlinge**. Du benötigst dazu eine feste Schnur oder einen Draht, der in einer Schlinge geformt wird. Die Schlinge wird dann an einem Baum oder Ast befestigt und so positioniert, dass das Tier hineintappt und sich die Schlinge um den Hals oder die Beine zieht. Diese Methode funktioniert gut bei kleinen Tieren wie Hasen oder Eichhörnchen.

Eine andere effektive Falle ist die **Fallgrube**. Dies erfordert etwas mehr Arbeit, da du ein Loch graben und es mit Zweigen und Blättern tarnen musst. Wenn das Tier über die Grube läuft, stürzt es hinein und kann nicht mehr heraus. Diese Art von Fallen ist besonders für größere Tiere geeignet.

**Ethik des Jagens und Verwertung des ganzen Tieres**

Beim Jagen geht es nicht nur darum, das Tier zu erlegen. Es ist ebenso wichtig, das Tier mit Respekt zu behandeln und alles zu verwerten, was du von ihm nutzen kannst. In der Wildnis darfst du keine Ressourcen verschwenden. Das Fleisch liefert dir die notwendige Energie, aber auch andere Teile des Tieres können nützlich sein. Aus den Knochen kannst du Werkzeuge herstellen, das Fell kann als wärmende Decke dienen, und die Sehnen können als Schnüre für Fallen oder Bögen genutzt werden.

### 4.3 Fischfang

Fische sind in vielen Regionen eine ausgezeichnete Nahrungsquelle. Sie sind reich an Proteinen und relativ leicht zu fangen, wenn du die richtigen Techniken beherrschst. Besonders an Flüssen, Seen oder Küsten ist der Fischfang oft eine lohnende Methode, um schnell und effektiv Nahrung zu beschaffen.

**Angeln mit improvisierten Mitteln**

Selbst wenn du keine Angelrute dabei hast, kannst du improvisierte **Angeln** herstellen. Du brauchst lediglich einen stabilen Stock, eine Schnur (z. B. aus Paracord oder Naturfasern) und einen Haken. Wenn du keinen Haken zur Verfügung hast, kannst du improvisierte Haken aus Knochen, Dornen oder Drähten basteln.

Als **Köder** eignen sich Insekten, Würmer oder kleine Fleischstücke, die du in der Natur findest. Achte darauf, in ruhigeren Bereichen von Flüssen oder Seen zu angeln, da Fische dort häufiger vorkommen und sich weniger vor Strömungen schützen müssen.

**Reusen und Netze**

Neben dem Angeln mit einer Rute kannst du auch **Reusen** oder **Netze** verwenden. Eine Reuse ist eine trichterförmige Konstruktion, die du aus Ästen, Schnüren oder Pflanzenfasern bauen kannst. Fische schwimmen durch den engen Trichter in die Falle, finden aber den Weg nicht mehr hinaus. Reusen funktionieren gut in seichten Flüssen oder Seen und erfordern wenig aktive Überwachung.

Ein **Netz** aus Pflanzenfasern oder Paracord kannst du in flachen Gewässern spannen und die Fische hineinleiten. Du kannst das Netz entweder stationär lassen oder aktiv durch das Wasser ziehen, um die Fische zu fangen. Diese Methode kann besonders in Gruppen effektiv sein, da mehrere Personen das Netz über eine größere Fläche ziehen können.

**Speerfischen**

Wenn du keine Angel oder Reuse hast, kannst du auch **Speerfischen** betreiben. Dazu benötigst du einen scharfen Speer oder eine Harpune, die du ins Wasser stößt, um Fische aufzuspießen. Dies erfordert Übung und Geduld, da Fische in der Regel sehr schnell sind und du die Brechung des Lichts im Wasser berücksichtigen musst, um die richtige Position des Fisches zu treffen.

## 4.4 Notnahrung

Wenn andere Nahrungsquellen knapp sind, kannst du auf **Insekten** und andere Kleintiere zurückgreifen. Viele Menschen ekeln sich vor dem Gedanken, Insekten zu essen, doch in vielen Kulturen sind sie ein fester Bestandteil der Ernährung und eine wertvolle Proteinquelle.

## Essbare Insekten

Insekten sind in den meisten Umgebungen reichlich vorhanden und bieten eine hervorragende Proteinquelle. Ameisen, Termiten, Grashüpfer, Käferlarven und Heuschrecken sind essbar und in der Wildnis oft leicht zu finden. Besonders in tropischen und warmen Regionen kannst du Insekten in großer Zahl sammeln.

Es ist wichtig, Insekten **zu kochen**, um mögliche Parasiten oder Bakterien abzutöten. Viele Insekten schmecken nach dem Kochen oder Rösten sogar angenehm nussig. Vermeide jedoch Insekten, die grelle Farben haben oder unangenehm riechen, da sie oft giftig sind. Ameisenhaufen oder Termitenbauten sind oft leicht zu finden und bieten eine schnelle Proteinquelle.

### Würmer und Schnecken

Auch **Würmer** und **Schnecken** sind essbare Notnahrung und bieten wertvolle Nährstoffe. Es ist wichtig, Würmer gründlich zu kochen, um sie von Schmutz und möglichen Krankheitserregern zu befreien. Schnecken müssen ebenfalls gründlich gekocht werden, um mögliche Parasiten abzutöten. In vielen Teilen der Welt sind Schnecken eine Delikatesse und liefern eine ausgezeichnete Nährstoffquelle.

### Sammeln von Notnahrung

Das Sammeln von Insekten und Kleintieren kann besonders dann wertvoll sein, wenn du andere Nahrungsquellen erschöpft hast oder keine größeren Tiere jagen kannst. Es erfordert weniger Energie und bietet eine sofortige Nahrungsquelle. Achte darauf, dass du auch bei Notnahrung immer die gängigen Sicherheitsregeln einhältst und unbekannte Arten vermeidest.

In der Wildnis Nahrung zu finden, erfordert ein breites Spektrum an Fähigkeiten und Wissen. Die Fähigkeit, essbare Pflanzen zu erkennen, zu jagen, zu fischen und Notnahrung zu sammeln, sind entscheidend, um auch über längere Zeit in der Natur zu überleben. Dieses Kapitel hat dir gezeigt, wie du diese Fähigkeiten in unterschiedlichen Umgebungen und unter verschiedenen Bedingungen einsetzen kannst, um deine Überlebenschancen zu maximieren.

Während das Suchen nach Nahrung oft mit körperlicher Anstrengung verbunden ist, sollte auch die richtige Strategie und Planung nicht vernachlässigt werden. Das Verständnis der Nahrungsressourcen, die dich umgeben, sowie die Fähigkeit, sie sicher und effizient zu nutzen, sind Schlüsselelemente jeder Überlebenssituation.

## Kapitel 5: Unterkunft bauen

Ein sicherer Unterschlupf gehört zu den grundlegendsten Überlebensfaktoren. Er bietet Schutz vor Witterungseinflüssen, Kälte, Wind, Regen, Sonne und Raubtieren. Ohne angemessenen Schutz kann dein Überleben schnell gefährdet sein – besonders in extremen Klimazonen. Ein Unterschlupf hält dich trocken, warm und gibt dir einen Ort, an dem du dich erholen kannst, um deine Energie zu bewahren. In diesem Kapitel werden wir verschiedene Arten von Notunterkünften besprechen, die du in der Wildnis bauen kannst, sowie wichtige Techniken, um den Schutz vor den Elementen zu maximieren.
Baue deinen Unterschlupf **so klein wie möglich, so groß wie nötig!**

### 5.1 Schnelle Notunterkünfte

In einer Survival-Situation hast du oft nicht die Zeit oder Ressourcen, um einen komplizierten Unterschlupf zu bauen. Besonders wenn das Wetter sich verschlechtert oder die Nacht schnell hereinbricht, musst du schnell handeln. Eine schnelle

Notunterkunft kann innerhalb von Minuten errichtet werden und bietet dennoch einen grundlegenden Schutz.

**Der Unterschlupf mit Laub und Ästen (Laubhütte)**

Eine der einfachsten und schnellsten Unterkünfte ist die **Laubhütte**. Alles, was du dazu brauchst, sind Äste, Zweige und viel Laub oder Moos. Du suchst dir zwei stabile Äste, die du in einer „A-Frame“-Struktur (Dreieck) gegen einen querliegenden Ast lehnst, der zwischen zwei Bäumen oder auf Stützen gelegt wird. Diese Struktur bildet das Gerüst deiner Unterkunft.

Sobald du das Gerüst hast, bedeckst du es mit so viel Laub, Moos oder Gras, wie du finden kannst. Je dicker die Schicht, desto besser der Schutz vor Regen, Wind und Kälte. Das Laub isoliert und schützt dich vor Wärmeverlust. Eine gut gebaute Laubhütte kann dich selbst bei kaltem Wetter warmhalten, da das Laub Luft einfängt und die Wärme deines Körpers reflektiert.

Ein wesentlicher Punkt bei der Laubhütte ist die Lage. Baue deinen Unterschlupf an einem geschützten Ort, der vor Wind geschützt ist und keinen Gefahren wie herabfallenden Ästen oder Steinschlag ausgesetzt ist. Vermeide außerdem tieferliegende Stellen, in denen sich Wasser sammeln könnte.

**A-Frame-Unterschlupf (A-Form Hütte)**

Der **A-Frame-Unterschlupf** ist eine robuste und schnell zu errichtende Notunterkunft, die dir sowohl Schutz vor Regen als auch Wind bietet. Er erfordert nur wenige Materialien und kann in weniger als einer Stunde gebaut werden.

1.**Suche zwei stabile Äste**, die etwa deine Körpergröße haben und platziere sie in einem „A“-Winkel gegenüberliegend auf dem Boden. Sie bilden die Seitenwände.

2.**Lege einen weiteren Ast horizontal** oben auf die beiden schrägen Äste, um einen Firstbalken zu schaffen. Dieser gibt dem Unterschlupf Stabilität und bildet das Rückgrat.

3.Nun brauchst du **kleinere Äste**, die du diagonal an die Seitenwände lehnst, um die Struktur zu verstärken.

4.**Bedecke die Seiten** des A-Frames mit dichtem Laub, Gras oder Moos, um eine isolierende Schicht zu schaffen. Wenn du keine Blätter hast, kannst du auch Rinde oder Schilfrohr verwenden.

5.Der **Boden** deines Unterschlupfs sollte ebenfalls isoliert sein. Verwende Laub, Gras oder Moos als Matratze, um dich vom kalten Boden zu isolieren und deine Körperwärme zu bewahren.

Der A-Frame-Unterschlupf ist besonders geeignet, wenn du starken Wind erwartest, da seine schrägen Seiten dem Wind wenig Angriffsfläche bieten. Die Form des Unterschlupfs ermöglicht zudem, dass Regenwasser abläuft, ohne in die Unterkunft einzudringen.

**Tarp-Unterschlupf (Plane oder Decke)**

Wenn du eine Plane, eine Rettungsdecke oder ein großes Stück Stoff bei dir hast, kannst du einen einfachen und effektiven Unterschlupf errichten. Ein **Tarp-Unterschlupf** ist besonders nützlich, wenn du keine Zeit hast, eine aufwendige Struktur zu bauen, und dir sofortiger Schutz vor Regen oder Sonne wichtig ist.

1. Suche dir zwei stabile Bäume oder aufrecht stehende Äste, die nahe beieinanderstehen.
2. Spanne deine Plane zwischen den Bäumen auf und befestige sie an den Ecken mit Seilen oder improvisierten Schnüren (z. B. aus Paracord oder Pflanzenfasern).
3. Befestige die Plane so, dass sie leicht geneigt ist, um Regenwasser abfließen zu lassen.

4.Du kannst den Boden der Plane zusätzlich mit Steinen oder Heringen sichern, um sie gegen Wind zu stabilisieren.

Wenn du keine Plane hast, kannst du auch improvisieren, indem du Kleidung, Rettungsdecken oder andere wasserfeste Materialien verwendest, die du mit Seilen oder Riemen aufspannst. Der Vorteil dieser Methode ist, dass sie sehr wenig Zeit und Energie erfordert und dir sofortigen Schutz bietet.

## 5.2 Schutz vor den Elementen

In einer Überlebenssituation ist der Schutz vor den Elementen oft entscheidend für dein Überleben. Selbst wenn du in einer milden Klimazone bist, können Wind, Regen oder extreme Hitze deinen Körper schnell schwächen. Dein Unterschlupf ist deine erste Verteidigungslinie gegen die Natur. Daher ist es wichtig, die richtige Bauweise zu kennen und zu verstehen, wie du deinen Unterschlupf optimieren kannst, um optimalen Schutz zu bieten.

### Schutz vor Kälte und Unterkühlung

In kalten Klimazonen besteht die größte Gefahr darin, Wärme zu verlieren. **Unterkühlung** tritt auf, wenn dein Körper schneller Wärme verliert, als er produzieren kann. Schon milde Kälte, kombiniert mit Nässe und Wind, kann schnell zu einer lebensbedrohlichen Situation führen. Hier sind einige Strategien, um dich in kalten Umgebungen zu schützen:

1. **Isolierung des Bodens:** Ein Großteil der Körperwärme geht verloren, wenn du direkt auf dem kalten Boden liegst. Um dies zu verhindern, musst du eine dicke Schicht aus Laub, Gras, Zweigen oder Moos unter dir ausbreiten. Diese Schicht isoliert dich vom Boden und reduziert den Wärmeverlust erheblich. Du solltest darauf achten, dass die Isolierschicht mindestens 10–15 cm dick ist, um ausreichend Schutz zu bieten.
2. **Minimierung der Windangriffsfläche:** Wind verstärkt die Auswirkungen der Kälte drastisch. Baue deinen Unterschlupf

so, dass er dich vor Wind schützt. Wenn möglich, wähle eine geschützte Lage, wie z. B. einen Platz hinter Felsen oder großen Bäumen. Auch das Verkleinern des Eingangs deines Unterschlupfs hilft, den Wind fernzuhalten.

3. **Wärme speichern:** In extrem kalten Gebieten kann ein kleiner Unterschlupf von Vorteil sein, da er die Körperwärme besser speichert. Wenn du wenig Platz hast, wird die Luft in deinem Unterschlupf schneller warm, und du verlierst weniger Energie, um eine große Fläche zu beheizen.

**Schutz vor Hitze und Dehydrierung**

Hitze kann genauso gefährlich sein wie Kälte. Besonders in Wüsten oder trockenen Gebieten kann extreme Hitze zu Dehydrierung, Hitzschlag und anderen hitzebedingten Erkrankungen führen. Um dich in heißen Klimazonen zu schützen, solltest du folgende Punkte beachten:

1. **Schatten schaffen:** Dein Unterschlupf sollte in erster Linie Schatten bieten. Ein Tarp-Unterschlupf oder eine Laubhütte funktioniert in heißen Regionen gut, wenn sie ausreichend Luftzirkulation zulässt und dich gleichzeitig vor direkter Sonneneinstrahlung schützt. Platziere deinen Unterschlupf idealerweise an einem Ort, der natürlich schattig ist, wie unter einem Baum oder in der Nähe eines Felsens.
2. **Luftzirkulation maximieren:** In heißen Klimazonen ist es wichtig, dass dein Unterschlupf gut belüftet ist. Vermeide geschlossene Strukturen, da diese schnell überhitzen können.

Ein offener, luftiger Unterschlupf, der gleichzeitig Schatten bietet, ist die beste Wahl.

3.**Kühlen mit Verdunstung:** Wenn du Zugang zu Wasser hast, kannst du nasse Kleidung oder Lappen verwenden, um dich abzukühlen. Hänge sie an den Rand deines Unterschlupfs, damit der Wind hindurchweht und eine kühlende Wirkung hat. Diese Technik kann besonders hilfreich sein, wenn du dich in einer extrem heißen Umgebung befindest.

**Schutz vor Regen und Nässe**

Regen ist eine der häufigsten Herausforderungen in der Wildnis, und nass zu werden, kann schnell zu Problemen wie Unterkühlung führen – selbst in moderaten Klimazonen. Ein wasserdichter Unterschlupf ist daher unerlässlich. Hier sind einige Techniken, um dich vor Nässe zu schützen:

1.**Dachkonstruktion mit Neigung:** Dein Unterschlupf sollte immer eine geneigte Dachstruktur haben, damit das Wasser ablaufen kann. Ein flaches Dach sammelt Wasser an und wird schließlich durchweichen. Ein steil geneigtes Dach aus Laub, Zweigen oder einer Plane ist der beste Schutz vor Regen.

2. **Wasserabweisende Materialien:** Wenn du keine Plane oder Decke hast, kannst du wasserabweisende Materialien aus der Natur nutzen. Rinde, besonders von Bäumen wie Birken, ist ideal, da sie Wasser abweist. Schilfrohr oder große Blätter, die dicht übereinandergelegt werden, können ebenfalls effektiv sein.
3. **Gräben zur Wasserableitung:** Wenn du deinen Unterschlupf auf dem Boden baust, solltest du darüber nachdenken, **Gräben um den Unterschlupf** zu ziehen, um Regenwasser abzuleiten. Dies verhindert, dass sich das Wasser unter deinem Unterschlupf sammelt und den Boden durchweicht.

### 5.3 Feuerstellen richtig planen

Ein Feuer ist nicht nur eine Wärmequelle, sondern auch ein psychologischer Stützpunkt in der Wildnis. Es spendet Licht, Wärme, hält Raubtiere fern und ermöglicht dir, Nahrung zu kochen und Wasser abzukochen. Doch die richtige Platzierung einer Feuerstelle ist entscheidend, um Sicherheit und Effektivität zu gewährleisten.

## Wahl des richtigen Standorts für die Feuerstelle

Die Lage deiner Feuerstelle muss gut durchdacht sein. Sie sollte in ausreichendem Abstand zu deinem Unterschlupf stehen, um die Gefahr eines Brandes zu minimieren, aber dennoch nah genug sein, um dir Wärme zu spenden. Idealerweise liegt die Feuerstelle windgeschützt, damit Funken nicht unkontrolliert herumfliegen und das Feuer nicht ausgeblasen wird.

1. **Windschutz:** Baue deine Feuerstelle in einem windgeschützten Bereich, um zu verhindern, dass Funkenflug deinen Unterschlupf erreicht oder das Feuer unkontrollierbar wird. Wenn du keinen natürlichen Windschutz findest, kannst du eine kleine Steinmauer oder einen Erdwall um das Feuer errichten.
2. **Feuergrube:** Grabe eine flache Grube in den Boden, in der du dein Feuer entzündest. Dies hilft, das Feuer zu kontrollieren und verhindert, dass es sich auf den umgebenden Bereich ausbreitet. Eine tiefe Grube kann das Feuer zusätzlich vor Wind schützen.

## Reflektorwände zur Wärmespeicherung

Eine **Reflektorwand** aus Steinen oder dicken Ästen hinter der Feuerstelle kann die Wärmestrahlung in Richtung deines Unterschlupfs lenken. Diese Technik ist besonders nützlich in kalten Umgebungen, da du so den vollen

Nutzen aus deinem Feuer ziehst. Die Steine speichern die Wärme und geben sie auch noch ab, wenn das Feuer bereits heruntergebrannt ist. Dies sorgt dafür, dass du auch nachts eine konstante Wärmequelle hast.

1. Baue die Reflektorwand in einem leichten Halbkreis um dein Feuer, damit die Wärme in deinen Unterschlupf zurückgeworfen wird.
2. Verwende große Steine oder Äste, die nicht brennbar sind und genug Masse haben, um Wärme zu speichern.

**Sicherheitstipps für die Feuerstelle**

Sicherheit ist oberstes Gebot, wenn es um das Entfachen und Halten eines Feuers in der Nähe deines Unterschlupfs geht. Hier sind einige wichtige Sicherheitsvorkehrungen:

- **Feuerholz in der Nähe lagern:** Halte immer eine ausreichende Menge Brennmaterial in der Nähe, aber nicht zu nah an der Feuerstelle, um Funkenflüge zu vermeiden.
- **Wasser oder Sand bereithalten:** Immer Wasser oder Sand in der Nähe haben, um das Feuer im Notfall schnell löschen zu können.
- **Funkenflug überwachen:** Überprüfe regelmäßig, ob Funken das Lager verlassen und sich möglicherweise entzünden könnten.

Das Errichten eines sicheren und effektiven Unterschlupfs ist eine der wichtigsten Fähigkeiten in einer Überlebenssituation. Dieses Kapitel hat dir gezeigt, wie du in unterschiedlichen Umgebungen und

Klimazonen Notunterkünfte baust, wie du dich vor den Elementen schützt und wie du eine sichere Feuerstelle planst.

Ob du in der Wüste, im Wald oder in den Bergen bist – ein gut gebauter Unterschlupf kann den Unterschied zwischen Leben und Tod bedeuten. Mit der richtigen Technik und Vorbereitung kannst du dir einen sicheren, trockenen und warmen Rückzugsort schaffen, der dir nicht nur Schutz bietet, sondern auch psychologischen Trost spendet.

**Kapitel 6: Feuer machen**

Ein Feuer ist in einer Überlebenssituation ein entscheidender Vorteil. Es gibt dir nicht nur Wärme und Schutz, sondern hilft dir auch beim Kochen und bei der Wasseraufbereitung. Doch was tust du, wenn du kein Feuerzeug oder Streichhölzer hast?

**Warum Feuer so wichtig ist**

Ein Feuer ist mehr als nur eine Wärmequelle. Es ist ein Symbol für Kontrolle und Sicherheit in der Wildnis. Es hält nicht nur Raubtiere fern, sondern kann auch als Signal für

Rettungskräfte dienen. Ein großes, rauchendes Feuer ist über große Distanzen sichtbar und kann dir helfen, auf dich aufmerksam zu machen.

Darüber hinaus kannst du mit einem Feuer Nahrung kochen und Wasser abkochen, was dir hilft, sicher zu bleiben. Das Feuer hat auch eine enorme psychologische Bedeutung – in langen, kalten Nächten gibt es dir das Gefühl von Schutz und Geborgenheit. Es ist ein kleiner Funken Zivilisation inmitten der Wildnis.

**Feuer ohne Streichhölzer**

Wenn du kein Feuerzeug oder Streichhölzer hast, gibt es mehrere primitive Techniken, um ein Feuer zu entfachen. Die bekannteste Methode ist der **Feuerstein und Stahl**. Durch das Schlagen von Stahl auf einen Feuerstein entstehen Funken, die du in trockenes Zundermaterial fallen lässt, um ein Feuer zu entzünden.

Eine weitere Methode ist der **Bogenbohrer**. Hierbei nutzt du die Reibung eines Holzstabes, der in eine Holzplatte gebohrt wird, um Glut zu erzeugen. Diese Methode erfordert Geduld und Geschick,aber sie funktioniert zuverlässig, wenn du genügend trockenen Zunder hast.

Auch das **Sonnenlicht** kann dir helfen, ein Feuer zu entfachen. Mit einer Lupe oder einem Glas kannst du Sonnenstrahlen auf einen Punkt konzentrieren und damit trockenes Zundermaterial entzünden. Diese Methode ist besonders an sonnigen Tagen nützlich, erfordert jedoch direkte Sonneneinstrahlung und Geduld.

**Feuer pflegen**

Ein Feuer zu entzünden ist der erste Schritt – es am Brennen zu halten, ist der nächste. Sobald du eine Glut hast, musst du das Feuer regelmäßig mit Brennstoff versorgen. Beginne mit kleinen Ästen und arbeite dich zu größeren Stöcken und Holzscheiten vor. Achte darauf, dass du immer trockenen Brennstoff verwendest, um das Feuer stabil zu halten. Auch bei schlechtem Wetter kannst du ein Feuer am Brennen halten. Wenn es regnet, suche nach trockenen Zweigen unter dichtem Laub oder Bäumen. Du kannst auch Rinde abschälen und sie als Zunder verwenden, da die inneren Schichten oft trocken bleiben.

Das Feuer am Laufen zu halten, ist besonders nachts wichtig. Es kann dir nicht nur Wärme und Licht spenden, sondern auch als Schutzschild gegen Wildtiere fungieren, die sich dem Feuer nicht nähern wollen.

## Kapitel 7: Orientierung und Navigation

Sich in der Wildnis zu orientieren, gehört zu den wichtigsten Fähigkeiten, die du beherrschen musst, um zu überleben. Eine klare Orientierung kann den Unterschied zwischen einem schnellen Ausweg und tagelanger, kräftezehrender Suche ausmachen. Gerade in abgelegenen oder unwegsamen Gebieten, in denen du keine klaren Anhaltspunkte hast, kannst du dich schnell verirren – eine Situation, die sehr gefährlich werden kann. Dieses Kapitel zeigt dir, wie du dich sowohl mit als auch ohne Hilfsmittel wie Kompass und Karte sicher orientierst und wie du dich vor Desorientierung schützt.

### 7.1 Karte und Kompass

Die Verwendung einer **Karte** und eines **Kompasses** ist die klassische Methode zur Orientierung in der Wildnis. Beide Werkzeuge ergänzen sich und ermöglichen es dir, präzise Routen zu planen und deinen Standort zu bestimmen. Doch der richtige Umgang mit diesen

Werkzeugen ist entscheidend, um nicht falsche Entscheidungen zu treffen.

**Lesen einer topografischen Karte**

Eine **topografische Karte** ist dein bester Freund, wenn du dich in unbekanntem Gelände bewegst. Anders als herkömmliche Straßenkarten zeigt eine topografische Karte die natürlichen Geländemerkmale wie Berge, Täler, Flüsse und Wälder an. Diese Informationen helfen dir, die Landschaft zu verstehen und besser einzuschätzen, welchen Weg du einschlagen solltest.

1.**Höhenlinien verstehen:** Auf einer topografischen Karte findest du sogenannte **Höhenlinien**, die die Geländehöhe anzeigen. Diese Linien verbinden Punkte gleicher Höhe und geben dir einen Eindruck davon, wie steil oder flach das Gelände ist. Eng aneinanderliegende Linien bedeuten steiles Gelände, während weit auseinanderliegende Linien flaches oder leicht ansteigendes Gelände anzeigen. Diese Informationen sind entscheidend, wenn du deine Route planst. Du solltest steiles, gefährliches Terrain meiden, wenn du erschöpft bist oder wenn das Wetter schlecht ist.

2. **Markante Geländemerkmale identifizieren:** Ein weiteres wichtiges Merkmal der Karte sind markante Punkte wie Gipfel, Flüsse, Seen oder Felsformationen. Diese Punkte sind oft groß und gut sichtbar und dienen dir als Orientierungspunkte, wenn du im Gelände unterwegs bist. Indem du sie auf der Karte lokalisierst und mit deiner Umgebung vergleichst, kannst du deinen Standort genauer bestimmen.
3. **Orientierung anhand der Karte:** Wenn du eine Karte benutzt, solltest du sie immer nach Norden ausrichten, um sicherzustellen, dass sie mit der Umgebung übereinstimmt. Du kannst dies tun, indem du den Kompass neben die Karte legst und den Nordpfeil der Karte mit der Nordrichtung des Kompasses abgleichst. Dies hilft dir, die Geländemerkmale in der Karte leichter mit dem tatsächlichen Terrain in Einklang zu bringen.

**Arbeiten mit einem Kompass**

Der **Kompass** ist ein unverzichtbares Werkzeug, um die Himmelsrichtungen zu bestimmen und eine exakte Richtung beizubehalten. Selbst in bewaldeten oder nebligen Gegenden, in denen du keine klaren Orientierungspunkte hast, kannst du mit einem Kompass sicher auf Kurs bleiben.

1. **Die Nadel des Kompasses verstehen:** Die Nadel des Kompasses zeigt immer nach Norden. Um deinen Weg zu

bestimmen, musst du die Richtung festlegen, in die du gehen möchtest. Dies wird als „Peilen“ bezeichnet. Richte den Kompass so aus, dass der Nordpfeil der Nadel mit dem Nordpfeil der Kompassrose übereinstimmt. Nun kannst du die Gradzahl auf der Kompassskala ablesen, die in deine gewünschte Richtung zeigt.

2.**Peilung einer Landmarke:** Um deine Peilung zu verfeinern, kannst du eine markante Landmarke in der Ferne auswählen, wie z. B. einen Berggipfel oder einen großen Baum. Richte deinen Kompass auf dieses Ziel aus und verfolge es. Dies stellt sicher, dass du geradeaus gehst, auch wenn du durch unwegsames Gelände musst und deine Sicht eingeschränkt ist.

3.**Richtungswechsel planen:** Manchmal kannst du nicht in einer geraden Linie gehen, weil Hindernisse im Weg sind, wie zum Beispiel Flüsse oder steile Abhänge. In solchen Fällen musst du einen Richtungswechsel planen. Der Kompass hilft dir dabei, genau zu bestimmen, wie viele Grad du abweichst und in welche Richtung du nach dem Hindernis zurückkehren musst.

4.**Magnetische Deklination:** Bei der Arbeit mit einer Karte und einem Kompass musst du die **magnetische Deklination** berücksichtigen. Die magnetische Deklination ist der Winkel zwischen der magnetischen Nordrichtung (die dein Kompass anzeigt) und der geografischen Nordrichtung (der Richtung, die auf der Karte angegeben ist). Dieser Winkel variiert je nach Standort und kann deine Navigation beeinflussen. Moderne Kompasse haben eine Funktion, um die magnetische Deklination einzustellen, aber du solltest immer wissen, wie groß die Abweichung in deiner Region ist, um sicherzustellen, dass deine Peilungen korrekt sind.

## 7.2 Orientierung ohne Ausrüstung

Was tust du, wenn du keinen Kompass oder keine Karte hast? Glücklicherweise gibt es viele Möglichkeiten, sich auch ohne technische Hilfsmittel zu orientieren. Die Natur bietet zahlreiche Anzeichen, die dir helfen können, die Himmelsrichtungen zu bestimmen und deinen Weg zu finden.

### Orientierung anhand der Sonne

Die Sonne ist eines der zuverlässigsten natürlichen Hilfsmittel zur Orientierung. Wenn du weißt, wie du die Sonne als Referenz nutzen kannst, kannst du auch ohne Kompass die Richtung bestimmen.

1. **Sonnenaufgang und Sonnenuntergang:** Die Sonne geht im Osten auf und im

Westen unter, was dir eine grundlegende Orientierung gibt. Morgens kannst du dich mit dem Rücken zur Sonne stellen, um nach Westen zu blicken. Am Nachmittag steht die Sonne im Westen, und du kannst dich entsprechend ausrichten.

2. **Der Schattenstab:** Eine einfache und effektive Methode, um die Himmelsrichtungen mithilfe der Sonne zu bestimmen, ist der **Schattenstab**. Du steckst einen geraden Stock in den Boden und markierst den Punkt, an dem der Schatten auf die Erde fällt. Warte etwa 15 Minuten und markiere die neue Position des Schattens. Die Linie zwischen den beiden Punkten zeigt dir die Ost-West-Richtung an. Wenn du dich mit dem ersten Schatten im Rücken entlang dieser Linie stellst, blickst du nach Norden.
3. **Der Stand der Sonne zur Mittagszeit:** In der nördlichen Hemisphäre steht die Sonne zur Mittagszeit im Süden. Das bedeutet, dass du deine Position zur Sonne nutzen kannst, um die Südrichtung zu bestimmen. Stell dich mit dem Gesicht zur Sonne – vor dir liegt Süden, hinter dir Norden, rechts Westen und links Osten.

## Orientierung anhand der Sterne

Wenn du nachts unterwegs bist und keinen Kompass oder Karte zur Verfügung hast, kannst du die **Sterne** zur Orientierung nutzen. Besonders der **Polarstern** ist eine wertvolle Hilfe, um Norden zu finden.

1.**Den Polarstern finden:** Der Polarstern steht immer nahezu exakt über dem geografischen Nordpol und kann daher als zuverlässiger Referenzpunkt dienen. Um den Polarstern zu finden, musst du den Großen Wagen (Ursa Major) am Himmel lokalisieren. Der Polarstern befindet sich in Verlängerung der hinteren beiden Sterne des Großen Wagens. Wenn du diesen Stern gefunden hast, weißt du, dass er in Richtung Norden weist.

2.**Die Orion-Konstellation:** In den Wintermonaten ist das Sternbild **Orion** gut sichtbar und kann ebenfalls zur Orientierung genutzt werden. Die drei auffälligen Sterne im Gürtel des Orion bilden eine gerade Linie. Diese Linie zeigt, je nach Position am Himmel, ungefähr nach Osten oder Westen.

**Orientierung anhand natürlicher Hinweise**

Neben Sonne und Sternen kannst du auch die Vegetation und andere natürliche Hinweise nutzen, um die Himmelsrichtungen zu bestimmen.

1.**Mooswachstum an Bäumen:** In feuchten, schattigen Wäldern wächst Moos häufig an der Nordseite von Bäumen, da diese Seite weniger Sonnenlicht erhält. Allerdings ist diese Methode nicht immer zuverlässig, da das Moos auch von anderen Faktoren wie Feuchtigkeit und Wind beeinflusst wird.

2. **Windrichtung und Wetterverhalten:** In vielen Regionen wehen die Winde häufig aus einer bestimmten Richtung. Wenn du die Wetterbedingungen in der Region kennst, in der du dich befindest, kannst du daraus Rückschlüsse auf die Himmelsrichtungen ziehen. In Europa kommen die Winde oft aus Westen, was dir als Anhaltspunkt dienen kann.
3. **Tierverhalten und natürliche Wassersysteme:** Tiere wie Vögel und Säugetiere bewegen sich oft in Richtung von Wasserquellen, die du möglicherweise ebenfalls ansteuern solltest. Flüsse fließen oft von den Bergen ins Tal und münden schließlich ins Meer oder in größere Gewässer. Wenn du einem Fluss folgst, kannst du so oft in tiefergelegene Gebiete gelangen, wo sich menschliche Siedlungen befinden.

## 7.3 Vermeidung von Desorientierung

Sich zu verlaufen, ist eine der größten Gefahren in der Wildnis. Selbst erfahrene Abenteurer und Wanderer können in unbekanntem Gelände leicht die Orientierung verlieren. Daher ist es entscheidend, Maßnahmen zu ergreifen, um Desorientierung zu vermeiden.

### Zirkellaufen vermeiden

Menschen neigen dazu, im Kreis zu laufen, wenn sie keinen klaren Orientierungspunkt haben. Dies liegt daran, dass ein Bein meist stärker ist als das andere, was dazu führt, dass du unbewusst leicht in eine Richtung abbiegst. Das sogenannte **Zirkellaufen** kann dazu führen, dass du stundenlang in die falsche Richtung gehst, ohne es zu bemerken.

Um dies zu vermeiden, solltest du regelmäßig nach festen Orientierungspunkten suchen – etwa ein markanter Berg, ein großer Baum oder ein Fluss. Sobald du einen solchen Orientierungspunkt gefunden hast, peile ihn an und richte deine Bewegung daran aus. Versuche auch, gerade Linien durch das Gelände zu ziehen, indem du dir ein entferntes Ziel suchst und dieses ansteuerst. Wenn du auf Hindernisse wie Flüsse oder unpassierbare Bereiche triffst, merke dir den Punkt, an dem du abgewichen bist, um nach dem Umgehen des Hindernisses auf deine ursprüngliche Route zurückzukehren.

**Markierungen setzen**

Wenn du in unbekanntem Gelände unterwegs bist, ist es eine kluge Praxis, **Markierungen** zu setzen, um deinen Weg zurückzufinden. Das Setzen von Steinmännchen (kleine aufeinandergestapelte Steine) oder das Abbrechen von Ästen und Zweigen kann dir helfen, deinen Weg zu markieren und im Falle einer Desorientierung auf deine vorherigen Schritte zurückzugreifen.

Eine einfache Methode besteht darin, alle paar hundert Meter eine deutliche Markierung zu hinterlassen. Es können auch sichtbare Stoffstücke oder farbige Bänder sein, die du an Ästen befestigst. So weißt du im Notfall immer, dass du diese Markierungen rückwärts verfolgen kannst, um zu deinem Ausgangspunkt zurückzukehren.

**Pausen einlegen und die Umgebung scannen**

Wenn du das Gefühl hast, dass du die Orientierung verlierst, ist es ratsam, eine Pause einzulegen und deine Umgebung bewusst zu scannen. Oft verläuft man sich, weil man sich zu sehr auf den Weg unter den Füßen konzentriert, anstatt sich die Umgebung einzuprägen. Halte regelmäßig inne und versuche, markante Punkte zu identifizieren, die dir helfen, dich zu orientieren.

Nimm dir die Zeit, um die Richtung, in die du gehen möchtest, klar zu bestimmen, anstatt weiterzugehen und zu hoffen, dass du den richtigen Weg findest. **Hastiges Handeln** ist in den meisten Fällen kontraproduktiv und kann zu schwerwiegenden Fehlern führen. Du solltest dich stets langsam und methodisch vorwärts bewegen, insbesondere in dicht bewaldetem oder unübersichtlichem Terrain.

**Wenn du dich verlaufen hast: Bleiben oder weitergehen?**

Einer der schwierigsten Momente in einer Überlebenssituation ist die Entscheidung, ob du an einem Ort bleiben oder weitergehen solltest, wenn du dich verlaufen hast. Diese Entscheidung hängt von vielen Faktoren ab, und du musst die Situation sorgfältig abwägen:

- **Bleiben:** Wenn du in einer gefährlichen oder schwer zugänglichen Gegend bist, ist es oft klüger, an einem Ort zu bleiben, insbesondere wenn Rettungskräfte nach dir suchen könnten. Baue einen Unterschlupf, mache auf dich aufmerksam (durch ein Feuer oder Signale) und schone deine Energie.
- **Weitergehen:** Wenn du in einer Umgebung bist, die dir bekannt vorkommt, oder du Hinweise auf die Nähe von Wasser oder menschlicher Aktivität siehst (z. B. Fußspuren, Pfade, Gebäude), kann es sinnvoll sein, weiterzugehen. Achte jedoch darauf, dass du systematisch vorgehst und regelmäßig Pausen einlegst, um deine Umgebung zu überprüfen.

Die Fähigkeit, sich in der Wildnis zu orientieren, ist eine der grundlegendsten und wichtigsten Überlebensfertigkeiten. In diesem Kapitel hast du gelernt, wie du sowohl mit technischen Hilfsmitteln wie Kompass und Karte als auch mithilfe der Natur selbst deinen

Weg findest. Diese Fertigkeiten sind entscheidend, um sicherzustellen, dass du auf deinem Weg bleibst und nicht die Orientierung verlierst.

Ob du dich an der Sonne, den Sternen oder den natürlichen Geländemerkmalen orientierst – du solltest stets eine Methode zur Hand haben, um dich nicht zu verirren. Mit der richtigen Vorbereitung und den hier beschriebenen Techniken bist du in der Lage, sicher und effektiv durch die Wildnis zu navigieren.

Vergiss nicht, dass die Vermeidung von Desorientierung genauso wichtig ist wie das Finden des richtigen Weges. Durch das Setzen von Markierungen, das Verwenden klarer Orientierungspunkte und das regelmäßige Überprüfen deiner Umgebung kannst du sicherstellen, dass du nicht vom Kurs abkommst. Wenn du doch die Orientierung verlierst, bewahre Ruhe und gehe methodisch vor – das ist der Schlüssel, um sicher wieder nach Hause zu finden.

## Kapitel 8: Erste Hilfe in der Wildnis

Verletzungen in der Wildnis können schnell ernst werden, wenn du keine professionelle medizinische Hilfe in der Nähe hast. Dieses Kapitel zeigt dir, wie du mit den Mitteln, die du zur Verfügung hast, Erste Hilfe leistest und dich vor Infektionen oder weiteren Komplikationen schützt.

**Erste Hilfe Kit**

Ein gut ausgestattetes Erste-Hilfe-Kit kann im Survival-Szenario lebensrettend sein. Es ist entscheidend, dass du die richtigen Materialien dabei hast und auch weißt, wie du sie richtig einsetzt. Dein Erste-Hilfe-Set sollte kompakt genug sein, um es problemlos mitzuführen, aber gleichzeitig ausreichend bestückt sein, um in den verschiedensten Notfällen Hilfe leisten zu können.

Ein zentraler Bestandteil deines Kits sollte Verbandsmaterial sein. Verletzungen in der Wildnis sind keine Seltenheit – sei es durch scharfe Felsen, Dornen oder Werkzeuge. Um Wunden vor Infektionen zu schützen, sind sterile Mullbinden, Pflaster in verschiedenen Größen und elastische Binden unerlässlich. Ebenso solltest du eine Auswahl an Kompressen und Wundauflagen dabeihaben, um verschiedene Arten von Verletzungen versorgen zu können.

Ein weiterer wichtiger Punkt ist die Desinfektion. Wunden, die nicht gereinigt werden, können sich schnell infizieren, besonders in einer Umgebung, in der es keinen Zugang zu sauberen Wasserquellen oder professioneller medizinischer Hilfe gibt. Hierfür solltest du Alkoholpads oder eine Jodlösung in deinem Kit haben, um Wunden effektiv zu reinigen. Zudem ist ein kleines Handdesinfektionsmittel nützlich, um deine eigenen Hände zu desinfizieren, bevor du beginnst, eine Verletzung zu behandeln.

Schmerzmittel gehören ebenfalls zur Grundausstattung deines Erste-Hilfe-Kits. In der Wildnis können Schmerzen, ob durch Verletzungen oder Entzündungen, deine Fähigkeit einschränken, dich weiter fortzubewegen oder klare Entscheidungen zu treffen. Medikamente wie Ibuprofen oder Paracetamol lindern nicht nur Schmerzen, sondern wirken auch entzündungshemmend. Auch Aspirin kann nützlich sein, um Schmerzen oder Fieber zu senken und kann im Notfall bei Herzproblemen verwendet werden.

Neben den großen, offensichtlichen Verletzungen gibt es auch die kleinen, oft unterschätzten Dinge, die schnell zu einem Problem werden können. Splitter und Zeckenbisse gehören dazu. Eine gute Pinzette ist in der Lage, kleine Fremdkörper wie Dornen oder Splitter zu entfernen, während eine spezielle Zeckenzange das sichere Entfernen von Zecken gewährleistet, um Infektionen zu verhindern.

Ein scharfes Messer oder eine kleine Schere ist ebenfalls unersetzlich. Du benötigst sie, um Verbandsmaterial zurechtzuschneiden, Kleidung zu entfernen oder andere Notfallmaßnahmen zu ergreifen. Ein solches Werkzeug sollte klein, aber scharf und robust genug sein, um den verschiedenen Herausforderungen in der Wildnis gewachsen zu sein.

In schweren Fällen von Blutungen, die durch einfache Maßnahmen nicht gestoppt werden können, benötigst du spezielle blutstillende Mittel. Hier bieten sich blutstillende Kompressen oder Pulver wie QuikClot an. Sie helfen, Blutungen schnell und effektiv zu stillen, was in einem Notfall überlebenswichtig sein kann.
Eine Notfalldecke ist ein weiteres essenzielles Hilfsmittel. Diese kompakten, aus Aluminium gefertigten Decken können in vielen Situationen eingesetzt werden, etwa um Unterkühlung zu verhindern oder dich vor großer Hitze zu schützen. Da sie so leicht und platzsparend sind, sollten sie in keinem Survival-Kit fehlen.

Allergische Reaktionen, etwa auf Insektenstiche oder bestimmte Pflanzen, können in der Wildnis ebenfalls zu ernsthaften Problemen führen. Ein Antihistaminikum hilft, diese Reaktionen zu lindern und kann im Notfall sogar lebensrettend sein.

Um Infektionen bei kleineren Verletzungen zu verhindern, empfiehlt es sich zudem, eine antibiotische Salbe im Kit zu haben. Sie wird auf Wunden aufgetragen und schützt vor Bakterien, die die Heilung verzögern oder schwerwiegende Infektionen verursachen könnten.

Auch ein kleines Erste-Hilfe-Handbuch sollte Teil deines Kits sein. Gerade in stressigen Situationen, in denen dir vielleicht der Überblick fehlt, kann ein solches Handbuch wertvolle Hilfestellungen bieten. Es ist ratsam, ein wasserdichtes Exemplar mitzuführen, um es auch in schwierigen Wetterbedingungen nutzen zu können.

Bei schweren Verletzungen, insbesondere bei großen Blutungen, kann ein Zugband (Tourniquet) das einzige Mittel sein, um das Leben eines Menschen zu retten. Es sollte jedoch nur in extremen Fällen angewendet werden und du solltest unbedingt trainiert haben, wie man es richtig benutzt.

Oft unterschätzt, aber dennoch wichtig, sind Sicherheitsnadeln und ein robustes Mehrzweckband wie Duct Tape. Diese kleinen Hilfsmittel können improvisierte Schienen, Verbände oder andere Konstruktionen fixieren, was in einer Notsituation von unschätzbarem Wert sein kann.

Um die Hygiene bei der Behandlung von Verletzungen zu gewährleisten, gehören Einmalhandschuhe in dein Kit. Sie schützen nicht nur den Verletzten vor zusätzlichen Keimen, sondern auch dich selbst.

Für den Fall von Verbrennungen durch Feuer oder heiße Gegenstände solltest du ein schmerzstillendes Gel, etwa Aloe Vera oder spezielles Brandgel, mitführen. Es lindert den Schmerz und fördert die Heilung.

Vergiss nicht, falls du oder jemand in deiner Gruppe auf spezielle Medikamente angewiesen ist, wie Insulin oder einen EpiPen bei Allergien, diese immer in deinem Erste-Hilfe-Kit parat zu haben.

Ein gut vorbereitetes Erste-Hilfe-Kit gibt dir nicht nur die Möglichkeit, in einer Notsituation schnell zu reagieren, sondern verleiht dir auch die Sicherheit, für den Ernstfall gerüstet zu sein. Es ist ein unverzichtbarer Begleiter auf jedem Survival-Abenteuer und sollte regelmäßig überprüft und gepflegt werden.

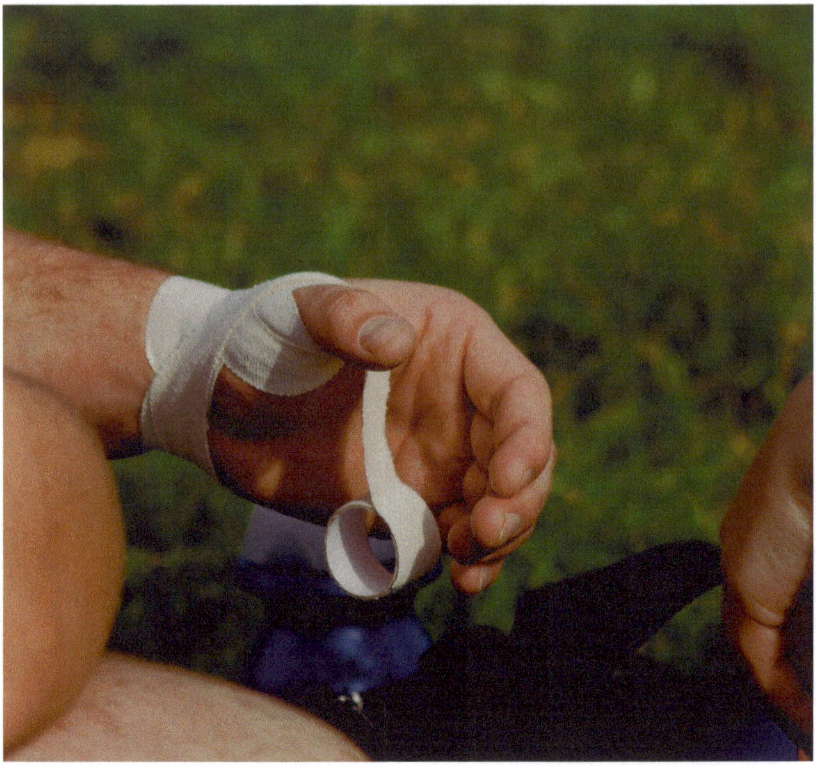

**Wundversorgung**

Die richtige Wundversorgung ist entscheidend, um Infektionen zu vermeiden. Selbst kleine Schnitte können in der Wildnis gefährlich werden, wenn sie nicht sauber gehalten werden. Der erste Schritt bei einer Verletzung ist es, die Wunde mit sauberem Wasser auszuspülen. Wenn du keine sterile Ausrüstung hast, kannst du abgekochtes Wasser verwenden, um die Wunde zu reinigen.

Ein **provisorischer Verband** kann aus einem sauberen Stück Stoff hergestellt werden, den du um die Wunde wickelst, um Schmutz und Bakterien fernzuhalten. Falls du keine Desinfektionsmittel zur Hand hast, kannst du improvisieren – zum Beispiel können bestimmte Pflanzen, wie die Blätter der Schafgarbe, antibakterielle Eigenschaften haben und helfen, die Wunde zu reinigen.

Es ist wichtig, die Wunde regelmäßig zu überprüfen und sicherzustellen, dass sie trocken und sauber bleibt. Vermeide es, die Wunde zu häufig zu öffnen, da dies den Heilungsprozess verzögern kann.

**Brüche und Verstauchungen**

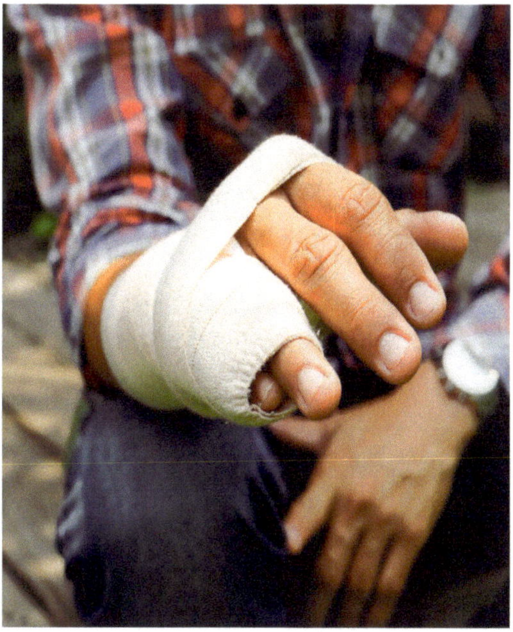

Ein Bruch oder eine Verstauchung kann in der Wildnis zu einer ernsthaften Einschränkung deiner Beweglichkeit führen. Um den Schaden zu begrenzen, musst du die betroffene Gliedmaße so schnell wie möglich ruhigstellen. Du kannst eine **provisorische Schiene** aus Ästen oder Stöcken herstellen, die

du mit Schnüren oder Bändern an der verletzten Stelle fixierst. Achte darauf, dass die Schiene fest genug sitzt, um die Bewegungen einzuschränken, aber nicht so fest, dass sie die Blutzirkulation abschnürt.
Bei Verstauchungen ist es wichtig, die betroffene Stelle zu kühlen, um Schwellungen zu verhindern. Falls du keinen Zugang zu Eis oder kaltem Wasser hast, kann auch das Hochlagern der Gliedmaße helfen, die Schwellung zu reduzieren.

**Schlangenbisse und Insektenstiche**

Schlangenbisse sind in vielen Regionen eine reale Gefahr. Wenn du von einer Schlange gebissen wirst, solltest du versuchen, ruhig zu bleiben und die betroffene Gliedmaße so wenig wie möglich zu bewegen. Das Ziel ist es, das Gift nicht weiter im Körper zu verteilen. Du solltest die betroffene Stelle über dem Herzen halten, um den Blutfluss zu verlangsamen. Versuche, den Biss zu kühlen, aber reibe oder schneide die Stelle nicht auf, da dies die Situation verschlimmern kann. Falls möglich, solltest du sofort ärztliche Hilfe aufsuchen.

Insektenstiche sind weniger gefährlich, können aber unangenehm sein und in einigen Fällen schwere allergische Reaktionen auslösen. Kühle die betroffene Stelle und achte auf Anzeichen einer allergischen Reaktion, wie Atemnot oder Schwellungen im Gesicht. Falls du zu allergischen Reaktionen neigst, solltest du immer ein Antihistaminikum dabei haben.

## Hygiene in der Wildnis

Gute Hygiene ist in der Wildnis besonders wichtig, um Infektionen und Krankheiten zu vermeiden. Auch wenn du keinen Zugang zu Seife oder fließendem Wasser hast, kannst du dich mit natürlichen Mitteln sauber halten. Viele Pflanzen, wie **Seifenkraut** oder **Rosskastanie**, haben natürliche reinigende Eigenschaften und können dir helfen, deinen Körper und deine Kleidung sauber zu halten.

Achte darauf, dass du deine Hände regelmäßig reinigst, besonders nach dem Umgang mit rohem Fleisch oder nachdem du auf die Toilette gegangen bist. Du kannst improvisierte Seife aus Asche und Fett herstellen, um Bakterien abzutöten. Halte auch deine Wunden sauber und bedeckt, um Infektionen zu verhindern.

## Kapitel 9: Gefahren in der Natur

Die Natur kann wunderschön und beruhigend sein, aber sie birgt auch zahlreiche Gefahren. Ob wilde Tiere, extreme Wetterbedingungen oder unvorhersehbare Naturkatastrophen – es gibt viele Bedrohungen, denen du in der Wildnis begegnen kannst. Der Schlüssel zum Überleben liegt darin, diese Gefahren zu kennen, sie zu erkennen und entsprechend zu reagieren, um sich selbst zu schützen. Dieses Kapitel behandelt die häufigsten Gefahren in der Natur und zeigt dir, wie du dich davor schützen kannst.

## 9.1 Raubtiere und Wildtiere

Die Begegnung mit wilden Tieren ist eine der häufigsten Ängste, die Menschen in der Wildnis haben. In vielen Regionen gibt es Raubtiere, die gefährlich sein können, aber in den meisten Fällen sind wilde Tiere nicht darauf aus, Menschen anzugreifen. Sie greifen oft nur an, wenn sie sich bedroht fühlen, überrascht werden oder ihre Jungen verteidigen. Dennoch ist es wichtig, die richtigen Verhaltensweisen zu kennen, um gefährliche Begegnungen zu vermeiden.

### Bären

Bären gehören zu den größten und gefährlichsten Raubtieren in vielen Teilen der Welt, darunter Nordamerika, Europa und Asien. Die Begegnung mit einem Bären kann besonders beängstigend sein, aber es gibt klare Strategien, um das Risiko zu minimieren.

1. **Vermeide Überraschungen:** Bären sind von Natur aus scheu und meiden den Kontakt mit Menschen. Um einem überraschenden Aufeinandertreffen vorzubeugen, solltest du bei

Wanderungen und Campingausflügen regelmäßig Lärm machen. Sprich laut oder singe, um den Bären auf deine Anwesenheit aufmerksam zu machen. Besonders in dicht bewachsenen Gebieten oder in der Nähe von Bächen, wo deine Geräusche übertönt werden könnten, ist dies wichtig.

2.**Richtiger Umgang bei einer Begegnung:** Wenn du auf einen Bären triffst, bleib ruhig und vermeide es, panisch wegzulaufen. Bären können viel schneller laufen als Menschen, und das Weglaufen könnte den Jagdinstinkt des Bären auslösen. Stattdessen solltest du dich groß machen, mit ruhiger Stimme sprechen und langsam rückwärts gehen. Wenn der Bär sich nähert, halte inne, aber bleibe ruhig. In den meisten Fällen wird der Bär sich schließlich zurückziehen.

3.**Bärenabwehrspray:** Wenn du in Bärengebieten unterwegs bist, solltest du immer **Bärenabwehrspray** bei dir haben. Dieses Spray kann den Bären effektiv vertreiben, wenn er angreifen sollte. Achte darauf, das Spray griffbereit zu haben und dich vorher mit der richtigen Anwendung vertraut zu machen.

4.**Vorsichtsmaßnahmen im Lager:** Um Bären nicht anzulocken, solltest du in deinem Lager keine Lebensmittel oder stark riechende Gegenstände wie Zahnpasta oder Parfüm herumliegen lassen. Hänge Nahrung und Müll in Bärengebieten hoch in Bäume oder nutze Bärencontainer, um sie sicher aufzubewahren.

**Wölfe**

Wölfe sind sehr scheue Tiere und greifen Menschen normalerweise nicht an. Ihre Sozialstruktur als Rudeltiere und ihr instinktives Verhalten machen sie besonders vorsichtig im Umgang mit Menschen. Dennoch gibt es einige Punkte, die du beachten solltest, wenn du dich in einem Gebiet aufhältst, in dem Wölfe vorkommen.

1. **Begegnungen mit Wölfen:** Wenn du auf Wölfe triffst, verhalte dich ruhig und vermeide plötzliche Bewegungen. Wölfe greifen selten direkt an, aber du solltest ihnen nicht den Rücken zukehren. Halte Augenkontakt und gehe langsam rückwärts. In den meisten Fällen wird sich das Rudel zurückziehen.
2. **Gefahr durch Tollwut:** Eine Gefahr, die von Wölfen ausgehen kann, ist die Tollwut. Tollwütige Wölfe verhalten sich ungewöhnlich und greifen unter Umständen Menschen an. Wenn ein Wolf tagsüber untypisches Verhalten zeigt, wie übermäßige Aggressivität oder Desorientierung, solltest du sofort Abstand halten und das Gebiet verlassen.

**Schlangen**

Schlangen stellen in vielen Regionen eine ernstzunehmende Gefahr dar, besonders in wärmeren Klimazonen. Während die meisten Schlangenarten nicht giftig sind, gibt es einige hochgefährliche Schlangen, deren Bisse tödlich sein können.

1. **Schlangenbisse vermeiden:** Um Schlangenbisse zu vermeiden, solltest du immer festes Schuhwerk und lange Hosen tragen, wenn du durch Gebüsch oder hohes Gras gehst. Schlangen sind in der Regel scheu und greifen nur an, wenn sie sich bedroht fühlen. Schau immer genau hin, wohin du trittst oder greifst, besonders in felsigem Gelände oder in der Nähe von Gewässern.
2. **Erkennen giftiger Schlangen:** Einige der gefährlichsten Schlangen haben charakteristische Merkmale. In Nordamerika solltest du auf **Klapperschlangen**, **Kupferköpfe** und **Wassermokassinschlangen** achten. In anderen Regionen gibt es Schlangen wie die **Kobra**, die **Schwarze Mamba** oder die **Lanzenotter**. Achte auf typische Verhaltensweisen, wie das Klappern der Klapperschlange oder das Aufstellen der Kobra, und halte Abstand.

3.**Erste Hilfe bei Schlangenbissen:** Wenn du von einer Schlange gebissen wirst, solltest du so ruhig wie möglich bleiben, um die Ausbreitung des Giftes zu verlangsamen. Du solltest die betroffene Stelle nicht aussaugen oder aufschneiden. Stattdessen halte den gebissenen Körperteil ruhig und in einer Position unterhalb des Herzens. Suche so schnell wie möglich ärztliche Hilfe auf.

## Andere gefährliche Tiere

Neben Bären, Wölfen und Schlangen gibt es auch andere Tiere, die eine Gefahr darstellen können, darunter:

- **Pumas (Berglöwen):** Pumas greifen Menschen nur sehr selten an, aber wenn sie es tun, sind sie extrem gefährlich. Wenn du auf einen Puma triffst, solltest du dich groß machen und laut rufen, um das Tier einzuschüchtern.
- **Wildschweine:** Diese Tiere können aggressiv sein, besonders wenn sie sich bedroht fühlen. Halte Abstand und versuche nicht, Wildschweine zu provozieren.
- **Skorpione und Spinnen:** In Wüsten- und tropischen Gebieten können Skorpione und giftige Spinnen wie die **Schwarze Witwe** oder der **braune Einsiedlerspinne** eine Bedrohung darstellen. Schüttle Kleidung, Schuhe und Schlafsäcke immer aus, bevor du sie benutzt.

### 9.2 Extreme Wetterbedingungen

Die Natur zeigt ihre Gefährlichkeit nicht nur durch wilde Tiere, sondern auch durch extreme Wetterbedingungen. Kälte, Hitze, Stürme oder plötzliche Wetterumschwünge können lebensbedrohlich sein, wenn du nicht darauf vorbereitet bist.

#### Kälte und Unterkühlung

Kälte ist eine der gefährlichsten Herausforderungen in der Wildnis, besonders wenn du nass wirst oder keine geeignete Ausrüstung hast. **Unterkühlung** tritt auf, wenn dein Körper seine Kerntemperatur nicht mehr aufrechterhalten kann und beginnt, lebenswichtige Funktionen herunterzufahren.

1. **Erste Anzeichen von Unterkühlung:** Die ersten Symptome sind Zittern, Taubheit in den Extremitäten und Verwirrung. Wenn du oder jemand in deiner Gruppe diese Symptome zeigt, musst du sofort handeln. Baue einen Unterschlupf, entzünde ein

Feuer und sorge dafür, dass die betroffene Person in trockene, warme Kleidung kommt. Decken oder Schlafsäcke können helfen, die Körperwärme wiederherzustellen.

2.**Schichtung der Kleidung:** Eine der effektivsten Methoden, um Kälte abzuwehren, ist das Schichtenprinzip. Trage mehrere Lagen Kleidung, um eine Isolationsschicht zu schaffen, die deine Körperwärme einfängt. Baumwolle ist in kalten und feuchten Bedingungen ungeeignet, da sie Feuchtigkeit speichert. Stattdessen solltest du Materialien wie Wolle oder synthetische Fasern verwenden, die auch bei Nässe isolieren.

3.**Schutz vor Wind und Feuchtigkeit:** Windchill kann den Wärmeverlust erheblich beschleunigen, weshalb es wichtig ist, winddichte Kleidung zu tragen. Vermeide es, nass zu werden, da Nässe die Körpertemperatur drastisch senkt. Regenjacken und wasserdichte Hosen sind in kalten und nassen Umgebungen unerlässlich.

## Hitze und Dehydrierung

Hitze kann ebenso tödlich sein wie Kälte, insbesondere in Wüsten- oder tropischen Gebieten. **Dehydrierung** und **Hitzschlag** sind zwei der größten Risiken, denen du bei extremer Hitze ausgesetzt bist.

1. **Symptome der Dehydrierung:** Die ersten Anzeichen einer Dehydrierung sind Durst, trockene Haut und dunkler Urin. Später können Kopfschmerzen, Schwindel und Verwirrung auftreten. Es ist wichtig, dass du regelmäßig trinkst, auch wenn du keinen Durst hast, da dies ein spätes Zeichen von Dehydrierung ist.
2. **Schutz vor Hitze:** In extremen Hitzeregionen solltest du körperliche Aktivitäten auf die frühen Morgen- oder späten Abendstunden verlegen. Trage lockere, helle Kleidung, die deine Haut vor der Sonne schützt, aber die Luftzirkulation ermöglicht. Kopfbedeckungen wie breite Hüte oder Bandanas sind ebenfalls wichtig, um einen Hitzschlag zu vermeiden.
3. **Schatten und Abkühlung:** Suche regelmäßig Schatten und Ruhepausen auf, um deine Körpertemperatur zu senken. Wenn möglich, befeuchte Kleidung oder Tücher, um Verdunstungskälte zu nutzen.

**Stürme und Blitzschlag**

Stürme sind eine gefährliche Bedrohung, besonders wenn du in exponiertem Gelände unterwegs bist. Blitzeinschläge, Überschwemmungen und Sturmböen können dein Leben gefährden.

1. **Schutz vor Blitzschlag:** Wenn du von einem Gewitter überrascht wirst, solltest du tiefergelegene Bereiche aufsuchen, um dem Blitz auszuweichen. Vermeide es, unter einzelnen Bäumen zu stehen oder auf Erhöhungen zu bleiben. Wenn du keinen Unterschlupf findest, gehe in die Hocke, um deine

Angriffsfläche zu verringern und stelle sicher, dass du keine metallischen Gegenstände trägst.

2. **Schutz vor starkem Wind:** Starker Wind kann Bäume oder Felsen umwerfen und dich gefährden. Baue deinen Unterschlupf in einer windgeschützten Gegend auf und verstärke ihn, um möglichen Windschäden vorzubeugen.

## 9.3 Naturkatastrophen

Neben wilden Tieren und extremen Wetterbedingungen können auch Naturkatastrophen wie Erdbeben, Lawinen und Überschwemmungen zu lebensbedrohlichen Situationen führen. Es ist wichtig, die Anzeichen für solche Katastrophen zu kennen und sofort angemessen zu handeln.

### Erdbeben

Erdbeben treten meist unerwartet auf und können in bergigen oder steilen Gebieten Steinschläge und Erdrutsche auslösen.

1. **Verhalten während eines Erdbebens:** Suche sofort Schutz unter stabilen Felsen, in Höhlen oder unter großen Bäumen. Wenn du dich in einem offenen Gebiet befindest, bleibe auf dem Boden, um mögliche Trümmer zu vermeiden. Vermeide Klippen und steile Hänge, die ins Rutschen geraten könnten.
2. **Nach einem Erdbeben:** Nach einem Erdbeben besteht die Gefahr von Nachbeben, die weitere Schäden verursachen können. Halte dich von instabilen Strukturen fern und achte auf Steinschläge.

**Lawinen**

Wenn du in verschneiten Gebieten unterwegs bist, besteht die Gefahr von **Lawinen**, die durch plötzliche Wetterwechsel oder menschliche Aktivitäten ausgelöst werden können.

1. **Anzeichen für Lawinengefahr:** Wenn es kürzlich starken Schneefall oder Winde gegeben hat, besteht ein erhöhtes Risiko für Lawinen. Halte Ausschau nach Rissen im Schnee oder „Wumm-Geräuschen", die auf instabile Schneedecken hindeuten.
2. **Verhalten im Lawinenfall:** Wenn du von einer Lawine erfasst wirst, versuche, an der Oberfläche des Schnees zu bleiben, indem du „schwimmst". Wenn die Lawine zum Stillstand kommt, forme mit deinen Händen eine Atemhöhle um dein Gesicht, um das Ersticken zu verhindern.

## Überschwemmungen

Starke Regenfälle, die Flüsse oder Seen über ihre Ufer treten lassen, können Überschwemmungen verursachen. Besonders in Tälern oder flachen Regionen solltest du auf Warnsignale achten.

1. **Schutz vor Überschwemmungen:** Wenn du in einem von Überschwemmungen gefährdeten Gebiet bist, suche sofort höher gelegenes Terrain auf. Vermeide Flussbetten oder tiefer gelegene Täler, die schnell überschwemmt werden können.
2. **Plötzliche Sturzfluten:** Besonders in Wüstenregionen kann es bei plötzlichen Regenfällen zu gefährlichen **Sturzfluten** kommen, die mit hoher Geschwindigkeit durch trockene Flussbetten rauschen. Halte dich von trockenen Flussbetten fern, wenn es Anzeichen von Regen gibt, auch wenn dieser weiter entfernt fällt.

Die Natur birgt viele Gefahren, doch mit der richtigen Vorbereitung und dem Wissen, wie man in gefährlichen Situationen reagiert, kannst du das Risiko minimieren und deine Überlebenschancen maximieren. Egal ob wilde Tiere, extreme Wetterbedingungen oder Naturkatastrophen – dieses Kapitel hat dir gezeigt, wie du diese Gefahren erkennen und ihnen entkommen kannst.

Das Verständnis für die Natur und ihre Gefahren gibt dir nicht nur Sicherheit, sondern auch die Fähigkeit, respektvoll mit der Wildnis umzugehen. Mit den hier beschriebenen Techniken und Maßnahmen bist du gut vorbereitet, um in der Wildnis zu überleben und gleichzeitig die Schönheit und Kraft der Natur zu respektieren.

## Kapitel 10: Langfristiges Überleben

Wenn du dich darauf einstellen musst, länger in der Wildnis zu überleben, ändert sich deine Herangehensweise. Du musst lernen, nachhaltig mit den Ressourcen umzugehen, die dir zur Verfügung stehen, und eine langfristige Überlebensstrategie entwickeln.

**Leben in der Natur**

In der Natur zu leben, erfordert Geduld, Geschick und Anpassungsfähigkeit. Du musst lernen, deine Umgebung zu nutzen, um Werkzeuge, Unterschlupf und Nahrung zu finden. Das Bauen eines dauerhaften Unterschlupfs ist ein wichtiger Schritt, um dich vor den Elementen zu schützen und einen sicheren Platz zu haben, an den du immer zurückkehren kannst.

Es ist auch wichtig, eine nachhaltige **Nahrungsquelle** zu finden. Jagen und Sammeln können dir kurzfristig helfen, aber du musst auch an die Zukunft denken. Wenn du in einer Gegend bleibst, die reich an Fisch oder essbaren Pflanzen ist, solltest du dir überlegen, wie du diese Ressourcen langfristig nutzen kannst, ohne sie zu erschöpfen.

Du kannst auch beginnen, **Werkzeuge** aus natürlichen Materialien herzustellen. Ein stabiler Speer aus einem Ast oder ein Netz aus Pflanzenfasern können dir das Überleben erheblich erleichtern. Diese Fähigkeiten erfordern Geduld, aber sie sind entscheidend, um in der Natur unabhängig zu bleiben.

**Ressourcenmanagement**

Der Schlüssel zum langfristigen Überleben ist das kluge **Management deiner Ressourcen**. Wenn du weißt, dass Hilfe möglicherweise nicht in Kürze kommt, musst du deine Vorräte genau im Auge behalten. Iss nur so viel, wie du wirklich brauchst, um deine

Energie aufrechtzuerhalten, und verschwende keine Nahrungsmittel. Wenn du Tiere jagst, nutze alles – von Fleisch bis Fell und Knochen.

Das gleiche gilt für Wasser: Wenn du eine Wasserquelle gefunden hast, sorge dafür, dass du genug sammelst, um auch in trockenen Zeiten versorgt zu sein. Wenn du in einer Region mit häufigen Regenfällen bist, kannst du auch **Regenwasser sammeln** und für später aufbewahren.

**Soziale Isolation**

Die psychische Herausforderung, längere Zeit alleine in der Wildnis zu sein, kann enorm sein. Isolation kann zu Depressionen, Angstzuständen oder sogar Halluzinationen führen. Es ist wichtig, dass du einen **täglichen Ablauf** findest, der dir Struktur gibt. Auch kleine Aufgaben wie das Sammeln von Holz, das Erstellen von Werkzeugen oder das Erkunden der Umgebung können dir helfen, dich beschäftigt zu halten und deine Moral zu stärken.

Eine Möglichkeit, die Einsamkeit zu bekämpfen, besteht darin, mit der Natur zu kommunizieren. Einige Überlebende berichten, dass sie sich mit ihrer Umgebung verbunden fühlten, indem sie Bäume, Tiere oder Felsen als Gesprächspartner nutzten. Es mag seltsam klingen, aber solche Techniken können dir helfen, die Einsamkeit zu überstehen und geistig gesund zu bleiben.

## Kapitel 11: Rettungssignale und Notkommunikation

In einer Überlebenssituation kann die Fähigkeit, auf sich aufmerksam zu machen, lebensrettend sein. Besonders wenn du dich in einer abgelegenen Region befindest oder dich verirrt hast, ist es entscheidend, dass du in der Lage bist, Rettungskräfte oder andere Personen auf dich aufmerksam zu machen. Dieses Kapitel zeigt dir die verschiedenen Methoden, um Notsignale zu senden und effektiv zu kommunizieren – sowohl mit einfachen Mitteln als auch mithilfe moderner Technologie. Wir werden uns sowohl traditionelle als auch technologische Hilfsmittel ansehen, die dir in einer Krisensituation helfen können, gerettet zu werden.

## 11.1 Notsignale

Das Senden von Notsignalen ist eine der ältesten und effektivsten Methoden, um in der Wildnis auf dich aufmerksam zu machen. Egal, ob du auf einen Suchtrupp wartest oder zufällige Passanten auf dich aufmerksam machen möchtest – klare, deutliche Signale können über Leben und Tod entscheiden. Es gibt internationale Standards für Notsignale, die von Rettungskräften auf der ganzen Welt verstanden werden, und es gibt improvisierte Methoden, die dir helfen, auch ohne Ausrüstung Notsignale zu setzen.

### Das internationale Notsignal: Drei Zeichen

Das **internationale Notsignal** besteht aus einer Abfolge von drei gleichen Zeichen, die eine sofort erkennbare Notsituation signalisieren. Diese Zeichen können in unterschiedlicher Form gesendet werden:

- **Drei Feuer:** Entzünde drei Feuer in einem gleichschenkligen Dreieck. Diese Anordnung ist weithin sichtbar und wird von Rettungskräften als Notruf erkannt.
- **Drei Rauchsignale:** Falls du bei Tag auf Rettung hoffst, kannst du ebenfalls drei Rauchsignale verwenden. Verwende frisches, grünes Laub oder feuchtes Holz, um dichten Rauch zu erzeugen, der von Weitem gesehen werden kann.
- **Drei akustische Signale:** Verwende eine Trillerpfeife, ein Horn oder rufe dreimal laut. Wenn du eine Pfeife hast, blase drei laute Pfiffe, die sich deutlich voneinander abheben.

•**Drei Spiegelblitze:** Wenn du einen Signalspiegel hast, kannst du drei reflektierende Lichtblitze in Richtung einer Suchmannschaft, eines Flugzeugs oder eines entfernten Objekts senden.

Diese Dreierregel ist universell und wird in den meisten Ländern als Notruf verstanden. Indem du wiederholt dreimalige Signale sendest, machst du deutlich, dass du dich in einer Notsituation befindest und auf Hilfe wartest.

**Signalfeuer: Aufbau und Platzierung**

Ein **Signalfeuer** ist eine der besten Methoden, um in der Wildnis auf dich aufmerksam zu machen, da es auch über große Entfernungen sichtbar ist. Besonders nachts kann ein gut platziertes Feuer schnell die Aufmerksamkeit von Rettungskräften erregen.

1.**Die richtige Platzierung:** Dein Signalfeuer sollte an einer gut sichtbaren Stelle errichtet werden, am besten auf einem Hügel, einer Lichtung oder einem anderen erhöhten Punkt, der nicht von Bäumen oder Hindernissen verdeckt wird. Wenn du in einem bewaldeten Gebiet bist, kannst du eine Lichtung suchen oder schaffen, um das Feuer besser sichtbar zu machen.

2.**Schichtaufbau des Feuers:** Ein erfolgreiches Signalfeuer besteht aus mehreren Schichten. Beginne mit trockenem, leicht brennbarem Material wie trockenem Gras, Zweigen oder Rinde. Lege darüber größere Holzstücke, um ein stabiles, gleichmäßiges Feuer zu gewährleisten. Wenn du das Feuer zum Senden von Rauchsignalen nutzen möchtest, solltest du grüne Blätter oder feuchtes Holz bereithalten. Wenn du das frische Material auf die Flammen legst, wird dicker, weißer Rauch entstehen, der tagsüber weit sichtbar ist.

3.**Drei Feuer als Notruf:** Wenn du die Zeit und die Ressourcen hast, ist es sinnvoll, drei Feuer im Dreieck aufzustellen. Diese Dreiergruppe von Feuern gilt als deutliches Notsignal und erhöht die Wahrscheinlichkeit, dass du gesehen wirst.

**Signale auf dem Boden: SOS und visuelle Hinweise**

Wenn du keinen Zugang zu Feuer oder Rauch hast, kannst du visuelle Signale auf dem Boden anlegen. Diese Methode ist besonders effektiv, wenn Flugzeuge oder Drohnen über dein Gebiet fliegen und nach Überlebenden suchen.

1.**Das SOS-Signal:** Das am weitesten verbreitete Notrufsignal ist **SOS**, das auf Morsezeichen basiert und durch drei kurze Zeichen (S), drei lange Zeichen (O) und drei kurze Zeichen (S) dargestellt wird. Du kannst SOS mit Steinen, Ästen oder in den Sand oder Schnee schreiben. Die Buchstaben sollten so groß wie möglich sein, damit sie aus der Luft erkannt werden können.

2.**Große, kontrastreiche Zeichen:** Wenn du große Buchstaben oder Formen auf den Boden legst, verwende Materialien, die sich deutlich vom Untergrund abheben. Helle Steine auf dunklem Boden, dunkle Äste auf hellem Sand oder Schnee können dafür sorgen, dass dein Signal auch aus großer Entfernung gesehen wird.

### 11.2 Signalspiegel und Rauchsignale

Signalspiegel und Rauchsignale sind einfache, aber äußerst wirksame Hilfsmittel, um in der Wildnis auf dich aufmerksam zu machen. Beide Methoden nutzen natürliche Ressourcen wie Sonnenlicht und Feuer und eignen sich besonders in offenen Landschaften oder wenn du wenig Ausrüstung dabei hast.

**Der Signalspiegel: Effektiver Einsatz bei Sonnenlicht**

Ein **Signalspiegel** ist ein kleines, leichtes Werkzeug, das du in deinem Survival-Kit mitführen solltest. Er reflektiert Sonnenlicht und kann über große Entfernungen Lichtsignale senden. Selbst Flugzeuge, die mehrere Kilometer entfernt fliegen, können den Blitz eines Signalspiegels erkennen.

1. **Die richtige Technik:** Um den Signalspiegel richtig zu verwenden, halte ihn so, dass er das Sonnenlicht einfängt. Finde dann einen markanten Punkt in der Ferne, den du anvisieren möchtest – dies kann ein Flugzeug, ein Berggipfel oder eine Rettungsmannschaft sein. Um das Sonnenlicht gezielt auf diesen Punkt zu lenken, halte den Spiegel in einer Hand und bilde mit der anderen Hand eine Lücke zwischen Daumen und Zeigefinger. Richte den Spiegel so aus, dass das reflektierte Licht durch diese Lücke hindurch auf das Ziel geworfen wird.
2. **Lichtblitze als Notsignal:** Wie auch bei anderen Notsignalen gilt hier die Dreierregel. Sende drei Lichtblitze hintereinander aus, um deine Notsituation zu signalisieren. Wiederhole die Signale regelmäßig, besonders wenn du ein Flugzeug oder einen Hubschrauber in der Nähe hörst oder siehst.
3. **Alternativen zum Signalspiegel:** Wenn du keinen speziellen Signalspiegel hast, kannst du auch andere reflektierende Oberflächen verwenden, wie z. B. Metall, Glas oder sogar ein blank poliertes Messer. Diese Gegenstände funktionieren zwar nicht so gut wie ein echter Signalspiegel, können aber dennoch

genutzt werden, um Sonnenlicht zu reflektieren und auf dich aufmerksam zu machen.

**Rauchsignale: Improvisation mit natürlichen Mitteln**

**Rauchsignale** sind eine klassische Methode, um in der Wildnis auf sich aufmerksam zu machen, besonders tagsüber. Sie sind in weiten, offenen Landschaften besonders effektiv, wo der Rauch gegen den Himmel kontrastiert.

1. **Das richtige Material für Rauchsignale:** Um dichten Rauch zu erzeugen, musst du Material verwenden, das langsam und mit viel Rauch verbrennt. Dazu gehören frisches, grünes Laub, feuchtes Gras, junge Zweige oder Schilfrohr. Wenn du in einer trockenen Umgebung bist, kannst du das Material vorher in Wasser tauchen, um die Rauchentwicklung zu verstärken.
2. **Anordnung der Rauchsignale:** Wie bei Feuer gilt auch bei Rauchsignalen die Regel von drei: Sende drei deutlich sichtbare Rauchsäulen in kurzen Abständen, um auf dich aufmerksam zu machen. Achte darauf, dass das Feuer, das du für das Rauchsignal nutzt, kontrolliert bleibt und sich nicht ausbreitet.
3. **Windrichtung beachten:** Um sicherzustellen, dass der Rauch dein Signal effektiv transportiert, achte auf die Windrichtung. Platziere dein Feuer so, dass der Wind den Rauch über weite Entfernungen trägt, idealerweise in Richtung einer möglichen Rettungsroute.

### 11.3 Technologische Hilfsmittel

Die moderne Technik hat die Notkommunikation revolutioniert. Selbst in abgelegenen Gebieten kannst du mithilfe von Satellitenkommunikation und speziellen Geräten auf dich aufmerksam machen und um Hilfe rufen. Es ist wichtig, diese Geräte richtig zu verstehen und zu nutzen, um im Ernstfall schnell gerettet zu werden.

#### Satellitentelefone: Kommunikation in der Wildnis

Ein **Satellitentelefon** ist eines der zuverlässigsten Kommunikationsmittel in der Wildnis. Es ermöglicht dir, in abgelegenen Regionen ohne Mobilfunkempfang Anrufe zu tätigen. Satellitentelefone nutzen direkte Verbindungen zu Satelliten im All, um Signale zu senden und zu empfangen, unabhängig davon, ob Mobilfunkmasten in der Nähe sind.

1. **Vorteile von Satellitentelefonen:** Im Gegensatz zu Mobiltelefonen sind Satellitentelefone fast überall auf der Erde einsetzbar. Du kannst Notrufe absetzen oder Nachrichten an

Rettungsdienste senden, selbst wenn du dich in abgelegenen Bergregionen oder Wüsten befindest.

2. **Wichtige Funktionen:** Satellitentelefone haben oft zusätzliche Funktionen wie GPS-Ortung, die es Rettungskräften ermöglicht, deinen genauen Standort zu bestimmen. Es ist wichtig, dass du dich mit den Grundfunktionen des Geräts vertraut machst, bevor du es in einer Notsituation nutzt. Lade das Telefon regelmäßig auf und bewahre es an einem sicheren Ort auf.

### GPS-Sender und Notfallbojen (PLBs)

Eine der effektivsten Methoden, um in einer Notsituation Hilfe zu rufen, ist der Einsatz eines **Personal Locator Beacons (PLB)** oder eines GPS-Senders. Diese Geräte sind speziell dafür entwickelt, im Notfall ein Rettungssignal an Satelliten und Rettungsdienste zu senden.

1. **Wie PLBs funktionieren:** Ein PLB sendet ein starkes Funksignal aus, das deinen Standort über GPS genau bestimmt und automatisch an Rettungskräfte weiterleitet. Diese Geräte sind kompakt, leicht und können an deiner Ausrüstung oder deinem Körper befestigt werden. Einmal aktiviert, sendet der PLB kontinuierlich Signale, bis Rettungskräfte eintreffen.
2. **Wann und wie PLBs verwenden:** PLBs sind für den Einsatz in extremen Notsituationen gedacht, wenn alle anderen Kommunikationsmittel versagen oder nicht verfügbar sind. Du solltest den PLB nur aktivieren, wenn du dich in ernsthafter

Gefahr befindest, da seine Aktivierung sofortige Rettungseinsätze auslöst.

**Notruf-Apps und Mobiltelefone**

In weniger abgelegenen Gebieten oder in Gebieten mit sporadischem Mobilfunkempfang kannst du auch Notruf-Apps auf deinem Mobiltelefon verwenden, um Hilfe zu rufen. Viele moderne Mobiltelefone bieten eine **GPS-Ortung** an, die deinen Standort im Notfall an Rettungsdienste übermitteln kann.

1. **Notruf-Apps:** Es gibt spezielle Apps, die im Notfall einen automatischen Notruf senden und deine Position an Rettungsdienste weitergeben. Diese Apps sind nützlich, wenn du dich in Regionen mit schwachem Mobilfunksignal befindest, aber dennoch eine Verbindung herstellen kannst.
2. **Energieverwaltung:** Mobiltelefone sind in der Wildnis oft durch den begrenzten Akku eingeschränkt. Es ist daher wichtig, den Akku zu sparen, indem du das Telefon ausschaltest, wenn du es nicht brauchst, oder auf den Flugmodus schaltest. Trage auch immer eine **Powerbank** oder ein **Solar-Ladegerät** bei dir, um dein Telefon bei Bedarf aufzuladen.

In einer Überlebenssituation ist die Fähigkeit, effektive Rettungssignale zu senden und zu kommunizieren, entscheidend für deine Rettung. Dieses Kapitel hat dir die verschiedenen Methoden und Techniken gezeigt, die du anwenden kannst – von traditionellen Signalen wie Feuer und Rauch bis hin zu moderner Technologie wie

Satellitentelefonen und GPS-Sendern. Indem du diese Fähigkeiten beherrschst, kannst du in einer Notsituation sicherstellen, dass Rettungskräfte auf dich aufmerksam werden und du gerettet wirst.

Unabhängig davon, ob du einfache Hilfsmittel wie Signalspiegel oder technologische Geräte wie PLBs verwendest, das Ziel bleibt immer das gleiche: auf dich aufmerksam zu machen und so schnell wie möglich gerettet zu werden. Mit dem Wissen aus diesem Kapitel bist du gut vorbereitet, um in der Wildnis klar und effektiv Notsignale zu senden und auf dich aufmerksam zu machen.

## Kapitel 12: Vorbereitung auf den Notfall

In jeder Überlebenssituation spielt die Vorbereitung eine zentrale Rolle. Eine gute Vorbereitung kann dir das Leben retten, und sie beginnt lange bevor du dich in der Wildnis wiederfindest.

### Survival-Kit packen

Ein gut gepacktes **Survival-Kit** ist dein bester Freund in einer Notlage. Es sollte leicht und kompakt sein, aber alle wichtigen Werkzeuge und Hilfsmittel enthalten. Folgende Gegenstände dürfen in keinem Survival-Kit fehlen:

- **Taschenmesser:** Ein Multifunktionstool, das dir beim Schneiden, Jagen und Basteln hilft.

•**Feuerstarter:** Feuerstein, Streichhölzer oder ein Feuerzeug sollten immer dabei sein.
•**Erste-Hilfe-Set:** Pflaster, Desinfektionsmittel, Bandagen und Schmerzmittel sind essenziell.
•**Wasseraufbereitungstabletten:** Um unsicheres Wasser trinkbar zu machen.
•**Kompass und Karte:** Zur Orientierung.
•**Seil oder Schnur:** Nützlich für den Bau eines Unterschlupfs oder zum Fallenstellen.

Passe dein Kit an die Umgebung an, in der du dich aufhältst. In kalten Gebieten solltest du zusätzliche Kleidung und Decken mitnehmen, in heißen Klimazonen Sonnencreme und einen Hut.

## Trainiere dein Können

Survival-Fähigkeiten sind nur dann wertvoll, wenn du sie auch praktisch anwenden kannst. Es ist nicht genug, theoretisch zu wissen, wie man ein Feuer entfacht oder einen Unterschlupf baut – du musst es auch regelmäßig üben. Gehe in den Wald und probiere aus, wie du mit einem Feuerstarter ein Feuer machst. Übe, wie du Fallen stellst oder essbare Pflanzen identifizierst. So gewinnst du nicht nur Selbstvertrauen, sondern auch wertvolle Erfahrung, die in einer echten Überlebenssituation den Unterschied ausmacht.

## Mentale Vorbereitung

Mentale Vorbereitung ist genauso wichtig wie physische Vorbereitung. Überlege dir im Voraus, wie du in Stresssituationen reagieren würdest. Visualisiere verschiedene Szenarien und stelle dir vor, wie du ruhig und systematisch vorgehst. Wenn du mentale Stärke aufbaust, wirst du in der Lage sein, in einer realen Krise klar zu denken und die Kontrolle zu behalten.

## Kapitel 13: Geschichten von Überlebenden

Nichts ist inspirierender als die Geschichten von Menschen, die das scheinbar Unmögliche geschafft haben. Diese Überlebensgeschichten zeigen dir, dass es immer einen Weg gibt, auch in den dunkelsten Stunden.

### Inspirierende Berichte

Überlebensgeschichten wie die von **Aron Ralston**, der in einer Felswand festsaß und sich seinen eigenen Arm abschnitt, um zu überleben, oder **Joe Simpson**, der nach einem schrecklichen Sturz in den Anden Tage lang ohne Hilfe überlebte, zeigen uns die unglaubliche Willenskraft des Menschen. Diese Geschichten erinnern uns daran, dass der menschliche Geist in der Lage ist, selbst die härtesten Herausforderungen zu überstehen.

### Lehren aus ihren Erfahrungen

Was diese Überlebenden gemeinsam haben, ist ihre Entschlossenheit und ihr unerschütterlicher Wille, zu überleben. Sie haben nie aufgegeben, selbst als die Situation hoffnungslos erschien. Ihre Geschichten zeigen uns, dass wir oft mehr Kraft in uns tragen, als wir uns vorstellen können. Wenn du in einer Überlebenssituation bist, erinnere dich daran, dass du nicht allein bist – viele haben ähnliche Herausforderungen gemeistert, und du kannst das auch.

**Schlusswort**

Du hast nun einen umfassenden Leitfaden durchlaufen, der dir die wichtigsten Techniken und Strategien vermittelt, um in der Wildnis zu überleben. Doch dieses Buch ist mehr als nur eine Ansammlung praktischer Ratschläge. Es ist eine Einladung, die Natur und dich selbst neu zu entdecken – fernab von der Bequemlichkeit und Sicherheit der modernen Zivilisation. Denn Überleben in der Wildnis erfordert nicht nur physische Fähigkeiten, sondern vor allem eine innere Stärke und mentale Klarheit, die uns oft verloren gehen, wenn wir zu sehr auf den Komfort des Alltags angewiesen sind.

Der Mensch hat seit Urzeiten in der Natur gelebt und gelernt, ihre Ressourcen zu nutzen. Über Jahrtausende hinweg haben unsere Vorfahren die Wildnis nicht als feindlich oder bedrohlich wahrgenommen, sondern als einen Ort, der Nahrung, Schutz und Inspiration bietet. Mit der Zeit jedoch, besonders in unserer modernen Welt, haben wir diese tiefe Verbindung zur Natur verloren. Dieses Buch soll dir helfen, diese Verbindung wiederherzustellen – denn das Wissen um das Überleben in der Wildnis bedeutet nicht nur, auf Krisen vorbereitet zu sein, sondern auch, sich wieder mit den Grundlagen des Lebens zu verbinden.

Was bedeutet es eigentlich, zu überleben? Viele Menschen verstehen unter „Überleben" den bloßen Erhalt des Lebens in gefährlichen oder extremen Situationen. Aber Überleben ist viel mehr als das. Es geht darum, auch unter schwierigen Bedingungen weiterzumachen, Lösungen zu finden, wenn alles aussichtslos erscheint, und die innere Stärke zu bewahren, selbst wenn alles um dich herum chaotisch wird. Es geht darum, sich selbst herauszufordern, zu improvisieren und kreativ zu werden. Der wahre Überlebende ist nicht derjenige, der nur überlebt, sondern derjenige, der es schafft, auch in der Wildnis Würde, Respekt vor der Natur und ein tiefes Bewusstsein für seine Umgebung zu bewahren.

Dieses Buch hat dir gezeigt, wie du Wasser findest, Nahrung beschaffst, einen Unterschlupf baust und mit den Gefahren der Natur umgehst. Aber der größte Wert dieses Wissens liegt nicht nur in der Anwendung im Notfall, sondern auch in der inneren Transformation, die es bewirken kann. Wenn du diese Fähigkeiten beherrschst, wirst du nicht nur in der Lage sein, in extremen Situationen zu bestehen – du wirst auch ein tiefes Vertrauen in deine Fähigkeiten entwickeln, das weit über das bloße Überleben hinausgeht.

Ein Schlüsselgedanke, den ich dir mit auf den Weg geben möchte, ist die Bedeutung von **Selbstvertrauen und Anpassungsfähigkeit**. In der Wildnis kannst du auf nichts vollständig vorbereitet sein. Du wirst immer auf neue, unvorhersehbare Herausforderungen stoßen. Doch wenn du gelernt hast, flexibel zu denken und auf das Unbekannte zu reagieren, wirst du mit jeder Situation umgehen können. Diese Fähigkeit zur Anpassung und das Vertrauen in deine Entscheidungen sind das, was letztlich den Unterschied ausmacht.

Ein weiterer Aspekt, der oft übersehen wird, ist die **psychische Komponente des Überlebens**. Physische Stärke und technische Fähigkeiten sind wichtig, aber deine innere Einstellung ist entscheidend. Die Wildnis wird dich auf eine Weise testen, wie es keine andere Umgebung tut. Du wirst lernen müssen, mit Unsicherheit, Angst und Einsamkeit umzugehen. Doch all diese Herausforderungen sind auch Chancen: Chancen, zu wachsen, stärker zu werden und zu erkennen, wozu du in der Lage bist. Die Natur hat die Kraft, uns bis an unsere Grenzen zu treiben, aber sie gibt uns auch die Möglichkeit, über uns hinauszuwachsen.
Vergiss nicht, dass Überleben in der Wildnis nicht bedeutet, die Natur zu besiegen. Es bedeutet, mit ihr zu arbeiten, ihre Rhythmen und Regeln zu verstehen und respektvoll mit ihren Ressourcen umzugehen. Die Natur ist nicht dein Feind – sie kann dein größter Lehrer sein, wenn du lernst, auf sie zu hören und ihre Zeichen zu deuten. Wenn du in der Wildnis überlebst, wirst du erkennen, wie wenig du wirklich brauchst, um zu leben. Du wirst eine neue Wertschätzung für die Einfachheit und Schönheit der natürlichen

Welt entwickeln und eine tiefe Dankbarkeit für jede Ressource, die dir zur Verfügung steht.

Zum Schluss möchte ich betonen, dass dieses Buch nicht das Ende deines Lernprozesses ist – es ist erst der Anfang. Überlebenstechniken und -strategien zu erlernen, ist ein kontinuierlicher Prozess. Jeder Ausflug in die Natur, jedes Lagerfeuer und jede neue Herausforderung wird dich weiter lehren. Nutze dieses Wissen, um die Natur mit offenen Augen zu erkunden, und sei dir bewusst, dass du nie auslernst. Die Wildnis bietet dir unendlich viele Möglichkeiten, dich weiterzuentwickeln und dich neuen Prüfungen zu stellen. Und jedes Mal, wenn du hinausgehst, wirst du mehr über dich selbst lernen – über deine Stärken, deine Schwächen und deine Fähigkeit, in der Natur zu bestehen.
Mit diesem Buch bist du gut gerüstet, um das Abenteuer Wildnis anzutreten. Es ist jetzt an dir, dieses Wissen in die Praxis umzusetzen, deine eigenen Erfahrungen zu machen und zu erkennen, dass du die Fähigkeiten besitzt, jede Herausforderung zu meistern. Der Weg des Überlebens ist nicht nur ein körperlicher, sondern auch ein geistiger – und er wird dich auf eine Weise formen, die du dir vielleicht noch nicht vorstellen kannst.

Sei mutig, sei entschlossen und habe immer Vertrauen in dich selbst. Denn das wahre Überleben beginnt nicht draußen in der Wildnis, sondern in deinem Kopf und deinem Herzen.

Printed in Poland
by Amazon Fulfillment
Poland Sp. z o.o., Wrocław

42268477R10067